The Love magic book

ラブ・マジック・ブック
〜恋を叶えるおまじないレシピ〜

The Love magic book
— potions for passion and recipes for romance —

The Love magic book
potions for passion and recipes for romance by Gillian Kemp
Copyright © 2003 by Gillian Kemp

This edition published by arrangement with Little, Brown and Company, (Inc.), New York, New York, U.S.A. through Tuttle-Mori Agency, Inc., Tokyo. All rights reserved.

ラブ・マジック・ブック
～恋を叶えるおまじないレシピ～

The Love magic book

訳者メッセージ

あなたは「魔法の力」を信じますか？

この本は、ヨーロッパで知られている数ある魔法の中でも、特に「愛」にまつわる魔法である「ラブ・マジック」について書かれたものです。そう、「魔法の薬」のレシピから「おまじない」の唱え方、そして「お守り」の作り方まで、ありとあらゆる恋に効くラブ・マジックの具体的な方法が収められているのです。

本書では、キャンドルやハーブ、石などを利用したさまざまな魔法が登場します。そのように自然のパワーを利用した魔法はヨーロッパでは古くから伝わる伝統的なおまじないとして親しまれています。

ところで、今この本を手に取られているあなたは、次のような望みのうち、どれかひとつにでも、思い当たるものはありませんか？

＊ステキな恋に出会いたい
＊大好きなあの人の気持ちを自分に振り向かせたい
＊自分の切ない想いを、なんとかあの人へと伝えたい
＊つきあっている彼（彼女）の浮気心をストップさせたい
＊あの人との愛を永遠のものにしたい

ラブ・マジックの不思議な力は、このようなさまざまな恋の願いを叶えるための手助けをしてくれます。

きっと、あなたもこの本の中で、幸せな恋を手に入れるために役立つ、とっておきのラブ・マジックと出会うことができるはずです。
　ここで、ラブ・マジックを行う前に、ぜひとも注意しておかなければならないことを、いくつかお話ししておきます。
　まずひとつ目。それは「魔法の力」を疑わないこと。そもそも魔法は、それを使う人が、その力を信じていなければはたらきません。特に、おまじないやお守りなどは、それを使う人の信じる気持ちがあってこそ、そこから力を与えてもらうことができるのです。
　ふたつ目。自分の願いが実現している姿を、強くイメージすること。あなたがポジティヴな未来をイメージすることができてこそ、「魔法の力」はその実現に向けてサポートしてくれるのだということを忘れてはなりません。
　最後に３つ目。単に「魔法の力」に頼っているだけでは、願いは叶わないということ。どんなに魔法自体に力があっても、あなた自身がなんの努力もしなければ、願いは実現しません。たとえば、「今よりきれいになって、もっとモテるようになりたい！」という願いを叶えるためには、まずは内面的にも外面的にも自分を輝かせるための日々の努力を怠らないこと。あくまで「魔法の力」は、その結果をさらに強めるための「プラスα」の要素なのです。
　当たり前のことですが、恋はいつも自分の思い通りになると

は限りません。そんな時、恋は人を傷つけ、苦しみや悲しみをもたらします。そのため、わたしたちは恋することを恐れ、自分の気持ちに素直に従うことから逃げてしまうことだってあるでしょう。

　けれども、この世に生まれたふたりが、偶然にも出逢い、そしてお互いを求め、愛し合うという奇跡がおこった瞬間の、なにものにも代えがたいすばらしい喜びと幸せも、まずはあなたが誰かに恋をすることなしには、はじまりません。

　＊あの人のことを考えると胸がいっぱいになる
　＊1日中、好きな人のことを考えてしまう
　＊いつか運命となる理想の恋人と出逢えるはず
　＊あの人のわたしに向けた笑顔が忘れられない

　そんな情熱と輝きを、いつまでも失うことのないあなたへ、恋することの勇気と力を与えるべく、この本を贈ります。
　愛する人との最高の瞬間を、あなたが迎えることができるように祈っています。

伊泉龍一

本文中、＊のついている単語および文章に
つきましては、巻末訳注ページにて
五十音順に解説しております。

名誉ある尊敬すべき私のアドバイザー、

マッコーコデール氏と奥様、

ブライアニー、ケイティ・ボイル女史とそのご主人、

ピーター・サンダース卿、デイビッドとシルビア、愛する人、

そして読者の皆様、

それから私のヨークシャーテリアのロージィ・ポージィに棒げます。

目次

訳者メッセージ 5
Introduction（序章） 17

I 愛を引き寄せる魔法
Attracting love

出逢いを呼ぶおまじない 23
キューピッドのおまじない 24
ラブ運アップの魔法 25
両思いの魔法 25
電話かメールが来る 26
恋人を家に招く 27
恋人が家に来てくれる 27
恋を呼ぶおまじない 28
ココナッツの魔法 28
恋が訪れる魔法 29
ファーストキスの魔法 29
3つの願いごと 30
魅力的になれる媚薬 31
魅力アップの魔法 31

II 愛の行方を占う
Predicting love's course

この恋は本物？ 36
デートの約束 36
アームチェアの魔法 37
ガーデンの魔法 38

The Love magic book

花占い	39
誕生花占い	40
デイジー占い	41
薔薇占い	42
ローズマリー占い	42
友達と一緒にする花占い	42
友達と一緒にするサイコロ占い	43
トランプ占い	44
友達と一緒にするトランプ占い	45
恋の行方を占う	46
洋服の魔法	47
ダウジング・ペンジュラム	50
運命の恋人は誰？	50
愛のダウジング占い	51
リソマンシーの予言	52
キャンドル占い	54
彼はわたしを愛している？	55
12本のキャンドル占い	55
サイコロ占い	57
彼の気持ちを確かめる	58
彼とつきあえる？	58
キスのおまじない	59
恋人からの連絡はある？	59
彼のハートを取り戻す	60
恋人ができるおまじない	60
ラブ・ジオマンシー	61

Contents

III 魔法の時間
Magical times

魔法のアブラカタブラ時間	65
ムーン・ラブ	66
月のライムバス	66
月を呼びおろす魔法	67
月明かりの魔法	67
洋梨の魔法	68
月夜のキャンドルマジック	68
月と薔薇の魔法	69
新月に込める願い	69
満月の願いごと	70
鏡の魔法	70
恋人が夢に現れる	70
太陽のおまじない	71
今の自分にサヨナラ	71
タンポポの魔法	72
バレンタインディのメッセージ	72
バレンタインディ占い	73
イースターの魔法	74
ハロウィンのおまじない	74
ヒヤシンスの魔法	75
ハロウィンの結婚占い	75
クリスマス・イヴの魔法	76
クリスマス・キャンドルの魔法	76
12月31日の願いごと	76
1月1日の願いごと	77

The Love magic book

IV 結婚のための魔法
Love magic for life

聖カタリナのおまじない	81
プロポーズを受けるには？	81
プロポーズのおまじない	82
プロポーズの魔法	82
満月の夜の占い	83
結婚を近づけるためには	84
ふたりがずっとハッピーに	84

V 愛を長続きさせる魔法
Keeping love alive

愛を育てる魔法	87
情熱を高める魔法	88
満月の花占い	88
キスで魔法をかける	88
恋人を虜にする魔法	89
薔薇のおまじない	89
本当の恋を手に入れる	90
スイカズラの魔法	91
恋人と同じ夢を見る	92
恋人に効く媚薬	92
ハッピーな愛のレシピ	93
忘れな草の魔法	93
別れを無効にする	93
薔薇に込める願い	94
ハートをひとつに	94
恋人と一体になる	95

Contents

ハートを溶かす呪文	95
彼のハートを逃がさない	96
コンフェッティの魔法	96
ラブ・スパイス	97
スイートラブのおまじない	98
ブレスレットの魔法	98
真実の愛を永遠に	99
恋人の欲望を高める	100
恋人を誠実なままに…	100
ハートをつなぎとめる	101
真実の愛の魔法	101
情熱を誘い出す魔法	101
ストロベリーの魔法	102
彼の不機嫌をなおす	102
ポテトに願う愛	103
きずなを強くする魔法	103
ローズオイルの魔法	104
恋のライバルを遠ざける	104
永遠に続く愛	105
愛を失わないように	105
ハートの刺繍のおまじない	106
愛を守り続ける	107
ラブレターの魔法	107
永遠の約束	108

The Love magic book

VI 恋のピンチを救う魔法
Loves ups and downs

ライバルに勝つ魔法	111
クールダウンの魔法	112
過去の愛にサヨナラ	112
失恋を癒すカモミール	113
女神ヘカテーの魔術	114
ライバルを黙らせる	114
ライバルをストップ！	114
パッションフルーツの魔法	115
バイバイ！　ライバル	115
ゴシップを静める	115
三角関係を解消する	116
5月のヤナギが告げる恋	116
彼の愛を風に流す	117
傷ついたハートを癒す	117
彼の夢を見ないように	118
恋人と別れるために	119
失恋を癒す魔法	120
ブルーな気持ちを癒す	120
恋の終わりの儀式	121
悲しみにサヨナラ	121
ハートを解放する	122
魔法を取り消す	122
別れの儀式	124
別れのおまじない	124
恋人から自由になる	125

Contents

VII 愛のお守りとおまじない
Good luck in love

ヴィーナスのお守り	129
愛のリボン	130
名前の秘密	130
恋のお守り	131
きずなを強める魔法	132
サイキック・バス・ソルト	132
恋のハッピー占い	133
願いが叶う魔法の呪文	133
秘密の願いごと	133
ふたりの幸運を祈る	134
秘密のハッピーレシピ	134

Conclusion（終章）	136
訳者あとがき	138
訳注	140

Introduction

　愛の魔法（ラブ・マジック）。それはあらゆる魔法の中でもっとも古く、もっとも効力があるものです。また、その力は、時を越えて輝き続ける不滅の光として、今も多くの人々の心の中に生き続けています。

　わたしたちはみな、生命の本質的な源として愛の魔法を持っています。愛の持つ魔法の力は、たとえ死ぬほどつらい時であっても、わたしたちに生きる希望を与えてくれますが、その一方で、恋人の愛情が薄れていってしまった時は、逆に死にそうなほどの悲しみをもたらします。

　愛の持つ魔法の力は、この地球、そして時間、空間をも超えたエネルギーとして世界を動かします。また、それはすべての魔法の中で、もっとも強くそして身近にある魔法です。ですから、愛の本当の源につながりさえすれば、あなたの望む恋を引き寄せることだって、そう難しいことではありません。

　恋に落ちたふたりは、肉体的にも輝きが現れ、周りからも見て取れるほどの電気的なエネルギーを放ちます。この愛によって生まれる光は、もともと五感と同様に、あなたの内にあるものです。愛の魔法の力は、まるで電気のコンセントをつないだ時のように、あなたの中のあらゆる力を何倍にも増幅します。また、愛の本当の源とつながることで、自然界の生き物すべてとの間に愛のきずなが作られます。そして、愛によって生まれる光は、あなたを永遠のもとへと導くでしょう。

あなたも、何度か恋を体験していくうちに、生き生きとした愛の力を上手にコントロールすることができるようになり、やがて実際のロマンチックな場面においても良い影響を与えることができるようになるはずです。愛の不思議な力は、内なる心と共鳴し、自然なプロセスを促すためにあなたがかけた魔法の法則に従うことでしょう。魔法の小径を歩いてゆけば、探し求める大事な恋を、きっと見つけ出すこともできるでしょう。

　愛の魔法は、恋人のハートを射抜くキューピッドの矢としてとても古くから知られています。たとえば、クレオパトラとマーク・アントニー、ロミオとジュリエットなどのとても有名な恋人たちの物語にも、キューピッドの矢は重要な役割を果たしています。
　あなたも、まるで磁石に引き付けられるように誰かに強く恋してしまった時は、ワクワクドキドキするような愛の魔法を感じているはずです。きっとその時には、情熱の炎が燃え上がるにつれ、時が停止し、恋人のことしか考えられなくなる、そんな連鎖反応がはじまるに違いありません。
　愛の魔法は、あなたの願いを実現するための触媒としてはたらきます。あなたの内なる想いは、空気中のエーテル*もしくはエネルギーの中の磁力を帯びたヴァイブレーションとなり、波動を作り出します。たとえば、あなたが誰かの視線を感じる時、実はその人から発せられたエーテル的な波動を感じている

のだということを知っていましたか？

　エーテルには海のように波があり、その力が強まっていくことで、次に起こることに決定的な影響力をもたらします。人はこれらの力と、本来上手に協調していくことができるということを忘れてはなりません。そればかりか、物質よりも微細な次元のエネルギーであるエーテルは、愛の魔法によって、あなたの想いの影響を受け、結果的に呪文を相手へと送り届けることだってできるのです。

　呪文とは、エーテルに影響を与えることのできる言葉であり、目に見えるものごとの背後にある不可視の力。また魔法は、願いごとを達成しようと意識を集中し、目的に向かって焦点を合わせることです。

　愛の魔法をかけるために必要な最も大切なことは、まず自分自身の本当の気持ちを知ることです。それができたら、後はゴールを狙ってボールを投げたり、的に向かってダーツを放つようなもの。

　実際にこれから紹介する数々の魔法は、あなたが真実の愛を見つけるために、キューピッドの矢の狙いを定める手助けとなるはずです。それから、もし心変わりしたとしても、魔法の力を逆にはたらかせることだってできるので、どうぞご安心を。

　さて、どんな愛の魔法が、あなたを待っているのでしょうか？　では、さっそく魔法のページを開いてみてください。

I 愛を引き寄せる魔法
Attracting love

誰かに恋をするのはとても自然なことです。けれども、そこには喜びと絶望、甘さと苦さ、その両方がとなり合わせです。それを知っているあなたの理性は、望みがない恋や不誠実な相手との関係に対しては、それ以上深入りしないようにと忠告します。でも、あなたの感情はそんな理屈などおかまいなしに、その相手を追い求めてしまうのです。

　もしあなたが、これから新しい恋へとのぞむなら、もう少し賢くなっておくことも必要です。恋に落ちる時、人は彼（彼女）の現実の姿を知らずに、どうしても過大な幻想を抱いてしまいます。相手のことをわかっていると思い込み、美点だけを見て、相手の欠点には目を向けません。そういう意味では、恋には常に失敗の危険がつきものなのです。

　さてここでは、あなたが望む相手を、自分に惹きつけるための方法を、いくつか紹介しておきましょう。

出逢いを呼ぶおまじない

To meet your intended

キャンドルホルダーに、ピンクのキャンドルを2本用意し、少し離して並べて置いてください。ひとつはあなたを、そしてもうひとつは、あなたの恋する相手を象徴しています。ふたつのキャンドルホルダーを、赤いリボンかひも、または糸で、軽く結びつけます。

　翌日、リボンをほどき、離して置いてあったホルダーを少し近づけて、再びリボンで結び合わせます。そしてそれぞれのキャンドルに火を灯し、しばらく燃やした後で吹き消します。3日目、5日目、7日目、そして9日目も同じように少しずつふ

たつのキャンドルの距離を縮め、最終日にはホルダー同士がふれあうまで近づけてください。そしてキャンドルが燃えつきるまで待ち、最後にホルダーのところまで来たら、吹き消します。そして、その後リボンをほどきます。このリボンを恋のお守りとして持っておきましょう。

キューピッドのおまじない

To aim and fire cupid's arrow

赤いキャンドルを用意しましょう。赤は命と情熱を表しています。炎の灯りは人の善なる力を象徴しています。キャンドルのてっぺんのあたりに、ピン（針の先など）で好きな人の名前を刻み込みます。次に新しいピンを用意して名前を刻んだ部分を突き刺し、ピンの先が反対側から出てくるまで押し込みながら、こう唱えてください。「あなたの名前を貫いて芯まで突き刺したこのキャンドルと同じように、あなたのハートを貫きます」。

キャンドルをホルダーにのせ、突き刺したピンの先端を好きな人が住んでいる方向に向けて置きます。キャンドルに火を灯し、愛を送りながら待ちましょう。炎が相手の名前とピンの部分を燃やしたら、吹き消します。キャンドルは、ほかの時にもう1度灯してもよいですが、小さくなったらピンと一緒に埋めてください。

ラブ運アップの魔法

To attract a new romance

新月の夜に魔法をかけましょう。ピンクの薔薇と赤い薔薇を口の狭い花瓶に挿します。真夜中0時になる数分前に、3滴のローズオイルを花瓶の水にたらします。すると14日以内に、新しい人物があなたの前に現れます。もしあなたがこの相手を好きになったら、きれいな白い封筒に薔薇の花を入れ、枕の下に入れて横になり、眠りにつく前に彼（彼女）の名前を3回唱えてください。望んだ恋があなたのもとへと引き寄せられるでしょう。

両思いの魔法

To beckon a heart to yours

金曜日の夜、9枚の小さな赤い紙に赤いインクで、好きな人の名前を書きましょう。それぞれの紙にひとつまみのドライミントを包むか、またはミントオイルを塗りつけます。

ひと包みを暖炉、または焚き火に投げ入れ、燃え尽きるまで好きな人の名前を唱え続けましょう。残り8つの包みも同じように行います。ひとつひとつが燃えることに、あなたの恋は好きな人のもとへと近づいていくでしょう。

❀

アニス＊の実を持ち歩くと、恋が後からついてきます。新しい恋を引き寄せるもうひとつの方法は、ベイリーフ＊に赤いインクで好きな人の名前を書き、靴に入れて履くこと。太陽に支配されるベイリーフは、あなたの行く先、めぐり逢う人々に輝きをもたらします。

電話かメールが来る

To receive a telephone call or e-mail

まるごとのナツメグ*に、赤いリボンを巻きつけながら、こう唱えましょう。「〇〇さん（相手の名前）、きっとあなたは、わたしに連絡をくれます」。

純粋さを象徴するホワイトキャンドルに火を灯し、リボンを巻いたナツメグをその前に置いて、1時間灯し続けます。ナツメグはあなたの好きな人の気持ちを、そして赤いリボンはあなたの想いを表しています。やがてリボンがあなたの想いを好きな人に届けてくれ、彼（彼女）はあなたに連絡をしなくちゃ、と思うでしょう。キャンドルを吹き消したら、そのナツメグを電話かパソコンのそばに置いておきます。それから7日以内に、好きな人からの電話かメールが届くはずです。

今よりもっと連絡をして欲しい時には、ブルーの紙にグリーンのペンで、好きな人の名前をローマ字の筆記体で半円形に書きましょう。それに続けてあなたの名前を、残りの半円に書き込み、ひとつの円形になるようにしてください。その周りに7回ふたりの名前を書きます。そしてその紙にラベンダーオイルを数滴たらし、こすり込みます（ラベンダーはコミュニケーションを司る水星とつながりがあります）。

この紙を、電話かパソコンの下に忍ばせておきましょう。ラベンダーの香りが薄れてきたら、彼（彼女）があなたの名前を思い起こすように願いながら、再びラベンダーオイルをこすり込みましょう。

恋人を家に招く

Love at your door

恋人があなたの家に来て欲しいと思ったら、新月の晩に、彼（彼女）の名前を小さな紙に書き込みます。相手の名前を隠すように、その紙を半分に折りたたみ、今度は外側にあなたの名前を書きます。また半分に折りたたんで、恋を引き寄せるローズオイルを3滴たらしましょう。

ドアマットの下に、その紙を置いてください。次の満月の前（月のサイクルがひとめぐりする28日以内）までに、彼（彼女）があなたの家を訪れるでしょう。せっかちになって、紙をマットの下からどけたりせずに、辛抱強く待ちましょう。

恋人が家に来てくれる

To receive a visit or invitation

クローブは愛を呼び寄せます。小さなオレンジとレモンを用意し、クローブを刺して飾りつけましょう。オレンジは恋人を、レモンはあなた自身を象徴します。恋人に家に来て欲しい時や恋人の家に招待されたい時、このオレンジとレモンを窓辺に並べておくか、または彼（彼女）の家の方向を指す部屋の角に置いてください。

もし、この相手との関係をおだやかに終わらせたくなった時には、オレンジとレモンを並べて土に埋めましょう。もしこの呪文を解いて彼（彼女）との連絡を、一時的あるいは永久に絶ちたくなったら、これらをばらばらに離して埋めてください。

恋を呼ぶおまじない

To beckon love

夜明けの瞬間、または日が昇る時、赤いキャンドルにローズオイルを塗りましょう。指先を使って、まずはキャンドルのてっぺんから真ん中まで（北極を表します）、そして次に下から真ん中に向かって（南極を表します）、オイルを塗ります。

　キャンドルに火をつけ、1時間灯しておきましょう。毎朝、このキャンドルに火を灯して、最終日には溶けてなくなってしまうまで、前に座って見届けましょう。夜が明けてくるように、あなたの人生に恋が訪れるでしょう。

ココナッツの魔法

Two halves make a whole

ココナッツの実を半分に割ります。中のミルクは、両方の殻に分けましょう。フローティング・キャンドルをふたつの殻に浮かべます。水分が足りなければ水を足してください。

　ひとつがあなた、もうひとつが好きな人を表すこのキャンドルに火を灯し、自然に火が消えるまで待ちましょう。もうすぐ恋が、あなたのもとにやってくるでしょう。

⚜

9つのスミレの花をカップ4分の1程度の沸騰したお湯の中に入れます。煎じ薬が冷たくなったら、小瓶か小さな清潔な薬瓶に注ぎ込みます。この調合薬を唇にひと塗りすれば、あなたに甘いキスが訪れるでしょう。スミレの花は愛の星『金星』に司られているからです。

恋が訪れる魔法

To attract loving desire

金曜日の夜、用意した薔薇の茎を2〜3cm残して、切り落とします。残った茎にピンを刺し、先端が反対側から見えるまで突き通します。そしてふた付きの瓶に、水とピンを刺した薔薇を入れます。

この薔薇の入った瓶のそばで、6日目の夜まで、続けてピンクのキャンドルに火を灯し、ベッドに入る直前に吹き消しましょう。7日目の夜には、薔薇を瓶から取り出して水をはったお皿にのせ、キャンドルを吹き消します。薔薇がしおれたら、花びらを空中にばら撒きましょう。魔法をはじめてから28日以内に、あなたのもとに恋が訪れるでしょう。

ファーストキスの魔法

To enchant your first kiss

大好きな彼（彼女）を振り向かせるために、ミントの小枝を胸元にそっと忍ばせましょう。初めてのキスの時、恋人の左手を自分の左手で包みこみ、願いをかけましょう。左手にかけられた魔法の力で、ふたりのハートはひとつに溶けあうでしょう。あなたの魔法が効いた証に、彼（彼女）の手が、あなたの胸の近くに寄せられるはずです。

⚜

大事な手紙にキスをしてから郵便ポストに入れると、ラッキーな返事がもたらされると言われています。

3つの願いごと

Three wishes

　最初の願いごとをする時、薔薇を2本（何色でもOK）、水の入った花瓶に挿し、ピンクのキャンドルを自分のそばに置きます。キャンドルを灯し、少しずつ薔薇に近づけていきます。そして動かすたびに、粉にひいたメース（ナツメグの皮で作る香辛料）をほんのひとつまみ炎に落としながら、願いごとを声に出して言いましょう。それ以上キャンドルを薔薇に近づけることができなくなったら、炎を吹き消します。

　数日後、薔薇がしおれたら、花もしくは花びらを好きな人の名前を書いた紙に包み、先ほどのメースと一緒に折りたたみます。それをお守りとして枕の下に置くか、胸元に持っていると、恋人の気持ちをいつもあなたのハートで感じることができるでしょう。

　ふたつ目の願いごとをする時、もうひとつピンクのキャンドルを用意してください。ピンクはロマンスの色。キャンドルの底のホルダーに刺さる部分を少し残して、ピンの先を使ってキャンドルに願いごとを縦に書きましょう。そしてホルダーに刺したら火を灯します。そして目を閉じ、愛の願いを唱えます。そして刻んだ文字がすっかり溶けてしまうまで座って待ち、炎を吹き消しましょう。

　3つ目の願いごとをします。小石を用意し、両手に持ちます。目を閉じて、ほかの考えに邪魔されないように、あなたの願いを小石に念じましょう。願いが叶うようにゆっくりと考えます。そして清潔なコットンのハンカチ、あるいはシルクのス

カーフの上に、小石を置きます。その後、魔法をかけたい相手に、石を手渡しましょう。石を受け取った時、彼（彼女）は潜在的にあなたの魔法にかかってしまうでしょう。

魅力的になれる媚薬

Bewitching potion

水を満たしたグラスを月明かりの下に置き、大きくひとつまみのフェンネル*の種、粉状のナツメグ、おろしたジンジャー、乾いたまたは新鮮なタイム*とバジルをいれます。この調合薬を1晩浸しておき、清潔なガラスのボトルにこして入れます。恋人の洋服にこの薬を数滴つけると、彼（彼女）はあなたの魅力の虜となるでしょう。

魅力アップの魔法

Passion potion

マツヅラ*オイルと乳香*オイルを塗ったピンクのキャンドルに、火を灯します。同量のオレンジブラッサム水*と薔薇水*、ヴァイオレット水*をガラスの香水ボトルに注ぎ入れ、ふたを閉めて炎の前で振ります。

ボトルを持って調合した薬を見つめながら、理想の恋人を思い描いてください。あなたの脈の上に、この薬をひと塗りすると、情熱の炎が燃え上がるでしょう。

Attracting love

II 愛の行方を占う
Predicting love's course

恋が深まっていくプロセスには、3つのステップがあります。まず、あなたが誰かと出逢い、惹かれていく第1ステップでは、視線やアイコンタクトが大きな役割を果たします。この時期に相手をよく観察すれば、相手もあなたと同じように恋する気持ちになっているかどうかを、見分けることもできるはず。

　次に、あこがれの人の声が耳に心地よく響くことで、惹かれる気持ちが、さらに深まっていく。それが第2ステップです。

　最後は、あなたが愛情を感じた相手の近くにいたいと望むところから、身体的な関係へと発展していきます。これが第3ステップです。

　ところで恋の最中、相手の気持ちがわからないまま、ただずっと待っていなければならないというのは、誰にとっても辛いものです。けれども、この後で紹介する占いを使えば、真実の愛の行方をある程度予想することも可能です。あらかじめことの成り行きを知っていれば、ゆとりを持って恋を楽しむ気持ちにだってなれるはずです。

　また、新しい恋愛関係が進展する中で、自分のフィーリングに従うことも大切です。たとえばキスの時、人は自分の心の中に、その相手への愛情があるかどうかがはっきりするもの。愛なくして本当のキスを返すことはできません。もしキスがイヤと感じたなら、その恋はそもそものはじめから間違っているのかもしれません。

⚜

別れが近づいている時に、あなたと恋人が並んだ姿を鏡で見てしまうのはアンラッキーなまえぶれです。

この恋は本物?

Is my lover true?

恋人の家の近くの屋外で、キャンドルを灯します。もし炎が、あなたに向かって揺らめいたら、好きな人のハートはあなたのもの。もし反対に、恋人の家の方向に向かって炎が揺れたら、今は彼(彼女)のあなたへの気持ちはそれほど強くなく、まだ揺れ動いているのかもしれません。

デートの約束

To meet again

デートの前の新月の晩に、ホワイトかシルバーのキャンドルを灯します。3滴のローズオイルと3滴のクローブ*オイルをコットンのハンカチにたらし、炎を吹き消します。

デートの最中に時々左手でこのハンカチを持って、肌にこの魔法薬をしみ込ませましょう。デートの帰りに恋人と別れる時、その左手で恋人の右手にふれてください。すると彼(彼女)は愛の魔法薬のエッセンスを吸収して、また逢いたいという気持ちを抑えられなくなるはずです。

⚜

新月から満月になるまでの間に結婚式をあげると、神に祝福されて、しあわせと富を手に入れることができるでしょう。満月の日の結婚も実りの多い兆し。月が欠けていくときの結婚は、思いがけない不幸が訪れる兆し。幸運が終りを迎えるまえぶれです。

アームチェアの魔法

Armchair magic

愛する人があなたのとなりにいない時、アームチェアの魔法は強い力で、望んだ相手をあなたのもとへと引き寄せてくれるでしょう。

自宅でくつろぎながらアームチェアに腰かけ、愛する人にかかわりのあるアイテムを手に持ってください。たとえば洋服や彼（彼女）の名前が書かれたもの、そのほか彼（彼女）の持ち物など何でも大丈夫。特に写真はおすすめ。魔法をかけるには、とても強く感応するアイテムなのです。また、彼（彼女）に関係するアイテムがなくても大丈夫。相手の名前を刻みつけたキャンドルに火を灯せば、ミニチュア版の恋人になります。

手にしたアイテムか火を灯したキャンドルに向かって、写真を使っているのならその恋人の口元に向かって、心から願いを込めて大きな声で唱えます。「〇〇さん、あなたはわたしを愛しています。あなたの愛を言葉ではなく態度で示してください」。

キャンドルを使った場合は、呪文を唱えた後に吹き消します。そして魔法に使った恋人に関係のあるアイテムまたは写真、キャンドルを、ベッドルームしまっておきましょう。それからはずっと、たとえあなたの願いが叶った後も、そのアイテムを持ち続けておきましょう。

そのアイテムをベッドルームから動かすのは、恋人にサヨナラを告げたくなった時だけですよ。

ガーデンの魔法

Garden magic

花々は、その植物を支配する惑星の性質によって、さまざまなシグナルを放ったり、受け取ったりしています。花の個性を知り、花の持つエネルギーをあなたにリンクさせていけば、望み以上の展開が待ち受けているかもしれません。

もし好きな人の星座を知っていたら、その12星座を司る草木や花、ハーブなどをとおして、恋人とのつながりを強めることができるのです。愛を進展させるためには、あなた自身を象徴する小さな鉢植えの薔薇か、庭に咲く薔薇の花に魔法をかけます。薔薇のとなりには、恋人の星座にリンクする植物を植えましょう。

☆牡羊座（3/21〜4/19）……………ガーリック…………………支配星「火星」
☆牡牛座（4/20〜5/20）……………ヘザー（ヒース）*…………支配星「金星」
☆双子座（5/21〜6/21）……………山ゆり　ディル*……………支配星「水星」
☆蟹座　（6/22〜7/22）……………レタス　かぼちゃ……………支配星「月」
☆獅子座（7/23〜8/22）……………マリーゴールド………………支配星「太陽」
☆乙女座（8/23〜9/22）……………ラベンダー……………………支配星「水星」
☆天秤座（9/23〜10/23）…………タイム*　ストロベリー………支配星「金星」
☆蠍座　（10/24〜11/21）…………ポピー　オニオン……………支配星「火星」
☆射手座（11/22〜12/21）…………タンポポ　チャービル*………支配星「木星」
☆山羊座（12/22〜1/19）…………パンジー………………………支配星「土星」
☆水瓶座（1/20〜2/18）……………グラジオラス　ナデシコ……支配星「土星」
☆魚座　（2/19〜3/20）……………セージ*…………………………支配星「木星」

花占い

Flowers divination

あなたと恋人になる可能性がある相手の人数の倍数の花を用意します。それを2本ずつのペアに分けて花瓶に挿します。1本はあなた自身を、もう1本は気になる相手を象徴しています。そして、恋に発展するかもしれない相手の人数分の紙を用意し、相手の名前をそれぞれ別々の紙に書いてください。

ベッドルームの誰にも覗かれない場所にこの花を置き、それぞれの花瓶の下には、名前を書いた紙をはさみましょう。10日後、もし対になった2本の花がからみあっていたら、その名前の相手とベストカップルになれるサインです。

もし花がもう1本と反対に向いて離れてしまっていたら、その相手と恋に発展する見込みは、今のところ難しいようです。花が咲き誇っていたら、その愛は花開き、また花が早く枯れてしまったら、その花を象徴する相手の愛情も、同じように枯れてしまうかもしれません。

誕生花占い

Birthday flower divination

恋の行方を占うには、あなた自身と恋人を表す花をそれぞれ1本ずつ、ガラスの花瓶に挿しましょう。その時には、あなたと恋人の誕生花を使いましょう。

☆1月生まれ　マツユキソウ*
☆2月生まれ　スミレ
☆3月生まれ　ラッパスイセン
☆4月生まれ　サクラソウ
☆5月生まれ　白百合
☆6月生まれ　ワイルドローズ
☆7月生まれ　カーネーション
☆8月生まれ　白ヘザー*
☆9月生まれ　デイジー
☆10月生まれ　ヒマワリ
☆11月生まれ　キク
☆12月生まれ　ヒイラギ

この花瓶を窓辺か陽のあたる場所に置きます。数日後、水が濁ってきたら、花瓶の底をじっと見つめ、イマジネーションをはたらかせましょう。そこに、人物や場面など、あなたと恋人との未来を予言する光景が浮かんでくるでしょう。

また外出時、「季節の花」を探してみましょう。見つけた曜日によって、いろいろな未来がわかります。

☆月曜日：あなたの見た光景は、幸運をもたらす前兆となるでしょう。
☆火曜日：経済的な成功がやってくるでしょう。
☆水曜日：思っていたよりも早くプロポーズされ、結婚するでしょう。
☆木曜日：行く手に苦難が待ち受けているでしょう。

☆金曜日：びっくりするような愛の贈り物を手にするでしょう。
☆土曜日：驚くべき高価な贈り物が期待できるでしょう。
☆日曜日：予想以上のワクワクするような恋が待っているでしょう。

　恋人をあなたに結び付けておくためには、この花を束ねてティッシュペーパーにはさみ、28日間重石をします。そしてこの押し花を本の間に大切にしまっておきましょう。

デイジー占い

Daisy divination

　デイジーの花束を用意し、テーブルに置きます。目を閉じて、デートに誘われるまで何日待たなければいけないのか訊ねながら、花をひとにぎり抜いてください。訊ねる期間は週単位、月単位など、あなた自身で決めましょう。

　目を開き、摘み取られたデイジーの花の数を数えます。それが待っていなければならない日数（または週、月）を表しています。このデイジー占いは、結婚するまで何ヵ月または何年待つことになるのかも占うことができます。

偶然に指輪を拾うことは、いつでもロマンスのまえぶれを表します。

薔薇占い

Rose divination

2本の薔薇を用意し、茎同士をからみあわせて、その形のままピンクか赤の糸でひとつに結び合わせ、水を入れた花瓶に挿します。次の日か2日後、花びらのどれかが濃く色づいてきたら、あなたの望む愛は、きっと深く強く進展していくでしょう。

ローズマリー占い

Rosemary divination

次のように唱えながらローズマリーの小枝を摘み取ります。「ローズマリー、ローズマリー、わたしは汝をむしり取る。今夜、わたしの真実の愛を見るために……」。

枕の下にこのハーブを置いて眠れば、夢の中でロマンチックな出逢いの場面を見ることができるでしょう。

友達と一緒にする花占い

Friends and flowers

花束を用意します。ボリジ*、ローズマリー、スミレ、ゼラニウム*、ミント、イラクサ*、チャイブ*、アイブライト*、ツルニチニチソウ*、サクラソウを混ぜてください。集まった友達それぞれがひとつ、好きな花を選んで摘みます。

製氷皿に4分の1の水を入れ、さきほどの花をその一角にそ

れぞれ置きます。花が浮かび上がらないようにして水を上まで満たしたら、冷凍庫で凍らせます。完全に凍ったら製氷皿から取り出し、水を入れた容器にその花氷を入れます。みんなで一緒に願いごとをしながら、ホワイトかシルバーのフローティングキャンドルを中央に浮かべて、火を灯します。

　最初に氷が溶けて水面に浮かんできた花の持ち主の願いごとが、１番はじめに叶えられるでしょう。花が浮かび上がるまでにかかった分数を、恋人とめぐり逢うまでにかかる日数、または月数として考えます。

　ひとりで恋の引力を占うには、ふたつの花氷を用意します。シルバーのフローティングキャンドルを浮かべた水入りの容器に、花氷をふたつ入れます。氷が溶けて浮かび上がった時、ふたつの花が寄り添うようにふれあったら、恋人とめぐり逢えるでしょう。花がふれあうまでにかかった時間の長さによって、すぐなのかしばらく後になるのか、期間を知ることもできます。

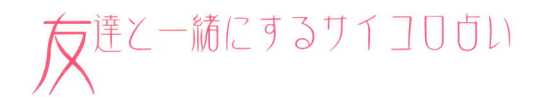

友達と一緒にするサイコロ占い

Dice divination

友達と一緒にサイコロ占いをする時には、それぞれが別々の紙に好きな人の名前を書いてください。相手の写真を用意して使っても大丈夫。ひとつ、または複数のサイコロを、願いを唱えながら、記名した紙または写真に向かって放り投げ、「YES」「NO」の答えを占いましょう。奇数の数字が出たら答えは「YES」、偶数であれば答えは「NO」です。

トランプ占い

Playing-card divination

恋人と一緒に52枚のトランプをシャッフルします。その中から好きなカードを適当に13枚引き、1列に並べます。もしこの列に、キングとハートのカードが同時にあれば、あなたはもう運命の人に出逢っています。

もし、キングとハートのカードのどちらも現れなかったら、再びシャッフルして、最初から何度でもやり直しましょう。その組み合わせのカードが現れるまで重ねた回数が、ふさわしい相手が現れるまでにあなたが交際する相手の数です。

あなたの恋人が、52枚からランダムに選んだ13枚のカードの中に、クイーンとダイヤのカードが同時に現れていれば、彼（彼女）は運命の人にすでにめぐり逢っていると言えます。

今度は、真実の愛がどのくらいスムーズに進展するかを占うために、またシャッフルして13枚のカードを引きます。ハートのカードが多ければ、愛は長く続くでしょう。ダイヤが多く現れるのは婚約を示し、ダイヤのエースは婚約指輪の暗示。クラブが多ければ、勉強や趣味など共通の関心ごとを通じて愛は長続きするでしょう。スペードがほかのスート*よりも多く出たら、その関係は困難をともなうことを意味しています。

⚜

生年月日が同じ、または年の違う同じ誕生日の相手との結婚は、ハッピーな結婚生活になると言われています。

友達と一緒にするトランプ占い

Playing-card divination with friends

もし何人かの友達が、あなたの願いごとを知っているなら、叶うように力を貸してもらいましょう。友達の想いはキューピッドの矢となって、好きな人のハートにダイレクトに届き、あなたの心からの願いを叶える手助けをしてくれるでしょう。たったひとりの想いよりも、何人もの想いを重ねてひとつの意志としたほうが、より強力な魔法になるのです。

火を灯したピンクのキャンドルの周りに友達を集め、質問者が52枚のトランプをシャッフルします。するとキャンドルの炎は高くなっていくでしょう。炎が明るく燃え上がるようにみんなで想い願うことで、炎を高く保てるはずです。

炎が細く高くなったら、質問者はひとつまみの塩を炎に投げ込みましょう。それが青く燃えている間に、1枚のカードをランダムに引きます。もし選んだカードがハートなら、好きな人と結ばれる運命。ダイヤならば、大きなしあわせがやってくる兆し。スペードが出たら、その願いはあなたにとって不利、前進しないという暗示。クラブはどんな障害も、ひとつになったふたりの心を引き離すことができないことを意味しています。ついにめぐり逢ったふたりは、愛をささやきあうでしょう。質問者に対する答えがでたら、はじめと同じ願いごとを念じながら全員でキャンドルを吹き消しましょう。

恋の行方を占う

Love destiny foretold

　ひとりか、または友達と一緒に占いましょう。52枚のトランプからハートのスート*を抜き取ります。ハートのクイーンをテーブルか床の中央に置き、もし友達も一緒なら、みんなでその周りに輪になって座ります。そしてダイヤ、クラブ、スペードのキングとジャックを抜き出し、それらを最初に取り出したハートのクイーンを除く、残りのハートのスートのカード12枚と混ぜ合わせてシャッフルします。そして全部で18枚のこれらのカードを、ハートのクイーンの周りに円形でランダムに配置します。

　ハートのクイーンの上にボトル（瓶）を横に倒して置き、目を閉じて、ボトルを回転させます。回転が止まった時、ボトルの口の向いているところにあるカードがコートカード*の場合、あなたのことを愛している人物を表しています。もしハートかダイヤのキングかジャックなら、その相手は明るい色の髪、色白の人でしょう。クラブかスペードのキングかジャックなら、黒い髪、色黒の人でしょう。

　1〜10の数字カードにボトルが向いた場合は、その数は出逢いの時間を、またはロマンチックなデートをするまでの日、週、月数を表します。たとえば2が出た場合は2時、2日、2週間、2ヵ月を表します。

　もし、何人かの友達が一緒なら、順番に次の人がボトルを回転させて、彼（彼女）の愛の運命も占ってみましょう。

洋服の魔法

Clothing magic

あなたの素敵な個性は、ふさわしい色の洋服を着たり、アクセサリーを身に着けることによって広げることができます。あなたにとってふさわしい洋服やアクセサリーは、きっとあなたの魅力を引き立ててくれるはず。

身に着けているものは光を放ち、そして周りからの光も吸収します。デートの時に選んで身に着けたカラーやファッションに対する相手の反応は重要です。相手が、あなたの運命の人かどうかを知ることもできます。

まず、特別な日のためのファッションを選びましょう。それがふさわしいかどうかは、あくまであなたのファーストインプレッションで判断してください。もし選んだ洋服を着た鏡の中の自分に自信が持てれば、デートの相手からうれしい反応がかえってくるかもしれません。

ただし、1度着ていく洋服を決めたら、心変わりしてはいけません。最初の直感のきらめきが、せっかく導いてくれた選択なのですから。

色の力を借りて周囲にはたらきかけることもできます。相手はあなたが身に着けたカラーに対して、無意識のうちに反応します。つまり、あなたから流れ出る波動とその人の魂が調和するのか、対立するのかを意味します。

いくつかの色で試してみれば、繰り返し成功するカラーとなにかしらの理由でいさかいが起こってしまうカラーを見つけられるはずです。魂は特定の共鳴するカラーに引き寄せられるで

しょう。カラーは空気中のエーテル*を通して、強い磁力の振動を、相手の魂へと伝達することができるのです。

☆レッド
　活気づける情熱的な色。憂鬱、陰気、無気力な気分を打ち消します。
☆ピンク
　ロマンスの色。愛を引き寄せ、解き放ちます。
☆オレンジ
　太陽のようにパワーを与える色。単色で着るのは結婚のサイン。
　恋愛との距離が近づき、結婚の道へと導きます。
☆イエロー
　精神を刺激する色。エネルギーの循環をパワーアップさせます。
　経済的な効果ももたらします。
☆グリーン
　自然の色。豊かさ、繁殖、希望を表します。
☆ターコイズ
　ブルーとグリーンの組み合わせは、癒しを与えます。
　また、晴れ晴れとした気分にさせる作用があります。
☆ブルー
　「青は真実を意味する」。気分を静め、インスピレーションをはたらかせる色。
　イライラしたり心配ごとがある時に身につけると効果的。
☆パープル
　スピリチュアルな保護の色。
　贅沢、成功、権威ある世界への進出を意味します。
☆ブラック
　着ていると気分が滅入りやすく、着ている人の個性を消します。ほかの色の洋服よりもこまめに洗濯するか空気にあてましょう。なぜなら否定的な力を吸収し、放ってしまうからです。
☆ブラウン
　大地の色。明るいゴールデンブラウンは前向きな姿勢を表します。
　ダークブラウンはものごとを停滞させてしまいます。
☆グレー
　雲の色。楽しい雰囲気をうばいます。また、ネガティブな気持ちを長引かせます。

☆ホワイト
　誠実、清らかさ、潔白を表す色。しかし、ときどき願望の輝きと真実を隠してしまうような悪い影響を与えます。

☆シルバー
　月と深いつながりのある色。おだやかさとはげしさ、両面の作用があります。潜在的な情緒を目覚めさせ、最高にクリアな感覚をもたらします。

☆ゴールド
　豊かさを象徴し、幸運をもたらすと言われます。仕事の面接時などのファッションにとてもラッキーな色。

9つのバニラビーンズをシルクのスカーフかハンカチに包み、枕の下に置くと、恋人の夢を見ることができるでしょう。

ダウジング・ペンジュラム

A dowsing pendulum

　なにを着ていくか決められない時、ダウジングで決めることもできます。サハラ北部で発見された紀元前6000年の洞窟画に描かれた古代人は、水を探し求めて、ふた股に分かれた枝でダウジングを行っていたそうです。古代エジプト、中国、ペルーなどの人々もまた、鉱脈や燃料、水脈をダウジングするのに熟達していました。

　ダウジングは2本の棒を使いますが、その代わりに「ペンジュラム」（振り子）を使うこともできます。その場合、指輪や鍵などをひもでつるせば、簡単に作れます。ひもは約20cm、利き手の人差し指に巻きつけ、親指で支えます。

　あなたが迷っている洋服を、ベッドの上に広げるか椅子の背にかけます。ペンジュラムをそれぞれのアイテムの上でかざし、意識を集中させるか、声に出してこう唱えましょう。「○○さんと逢う時（○○へ出かける時）、この洋服で良いですか？」。

　答えが「YES」ならば、ペンジュラムは時計回りに動き、「NO」ならば反時計回りに揺れるでしょう。もし、ペンジュラムが前後に揺れるようなら、もう1度問いかけ直しましょう。

運命の恋人は誰？

Divining the best lover

　複数の恋人候補がいるなら、その人たちの名前をそれぞれ別々の紙に記入します。ペンジュラムを個々の紙の上に

かかげ、声に出すか、頭の中でこう唱えましょう。「〇〇さんは、わたしにふさわしい人ですか？」。

ペンジュラムが時計回りに揺れたら答えは「YES」、反時計回りならば答えは「NO」です。前後に揺れるのは、タイミングが悪いことと同時に、なにか好ましくないことを暗示しています。

愛のダウジング占い

Love dowsing divination

ダウジング・ペンジュラムは、愛の難問にも答えをくれます。質問に意識を集中しながら、声に出して訊ねてください。

時計回りに円を描くのは「YES」、反時計回りは「NO」を意味します。前後に揺れる時は、決断を保留しなさいという暗示。その場合、しばらく間を置いてチャレンジしましょう。

ダウジングは、さまざまな質問に答えてくれるでしょう。

☆ 彼（彼女）の気持ちは真剣？
☆ 彼（彼女）は本当にわたしを愛している？
☆ この関係を続けるべき？
☆ この人との関係は忘れるべき？
☆ わたしたちはつきあえる？
☆ いつ逢える？（明日？　一週間後？　次のパーティーで？）
☆ 今度逢った時に告白すべき？
☆ 今度逢った時は黙っているべき？
☆ 今度逢ったらキスする？
☆ 彼（彼女）は次のデートに誘ってくれる？

☆ ○○さんはわたしだけを愛している?
☆ 彼(彼女)はわたしの知っている誰かと浮気している?
☆ 彼(彼女)は○○さん(疑わしい相手の名前)とつきあっている?

リソマンシーの予言

Love lithomancy

リソマンシーとは、キャンドルの光に反射する宝石、準宝石、または色つきガラス玉の色で運命を予言するという昔から知られている方法です。あなたが興味を惹かれた石があれば、それを家に持ち帰りましょう。きれいに洗えば、十分効果があります。石を貫いている穴があったら、特にラッキーです。それは透視力を持つ第3の目を象徴し、他者の悪意から身を守ってくれるでしょう。貝殻を使っても構いません。24個の同じような色の異なる石や貝殻を使って占います。

テーブルの上にキャンドルを置き、その前や両横にランダムに小石を撒き散らします。キャンドルを灯し、部屋の灯りはすべて消します。魂の深いレベルにあるあなた自身(深層意識)と同調するために、しばらくの間、目を閉じてください。目を開けた時、1番はじめに目に入った石の色が、あなたへの答えです。その後、目を細めてキャンドルの光を見ます。石に向かっているキャンドルの光線もまた、あなたへのメッセージです。

キャンドルからもっと多くの予言が欲しければ、キャンドルを1~2時間灯しておき、目を閉じ、そしてまた開き、目を細めて見てください。その時見えた石の色が、あなたへの答えです。

☆レッド
　恋人のハートには、情熱の炎が明るく燃え盛っています。あなたに恋している人が誰なのかを見つけ出すには、その人の名前が心に浮かび上がってくるまで、石や石の上で輝く光線をじっと見つめます。

☆ブラウン
　まるで冬の間に、少しずつゆっくりと進展してきたようなふたりの関係ですが、やがて春が来て、びっくりするようなハプニングが起こります。特別な人が、あなたに愛を告白するでしょう。

☆イエロー
　夏の日差しの中、愛は楽しさと微笑みをもたらすでしょう。温かく思いやりのある相手と楽しい日々を過ごすことができるでしょう。

☆グリーン
　春から夏の間に、愛が急速に育つでしょう。グリーンは大自然を表します。自然界の法則を信じて待っていれば、確実にあるべき方向へと導かれ、驚くべきハプニングが起こるでしょう。

☆ブルー
　青く晴れ渡る空のような幸運の暗示。明るく輝かしい日々がはじまるでしょう。

☆バイオレット
　あなたは隠された真実を見つけ、幸運の光のように照らされます。見つけたものが正しいと確信した時、清々しい気分が訪れます。

☆ブラック
　誰かの恋が哀しくも敗れ去ります。でも、それはあなたの恋とは限りません。

キャンドル占い

Candle flame divination

何色のキャンドルでもOK。火を灯して、部屋の灯りを消しましょう。その前に座り、目を閉じて、心を研ぎ澄ませます。目を開け、炎を注意深く読みといてみましょう。

☆ 燃え上がる炎は、あなた自身が誰かの心にともった炎であることを暗示。
☆ 長く細い炎は、新しい恋人が現れる暗示。
☆ 炎がちらちらと左右に揺れるのは、長い愛の道のりに巻き込まれることを暗示。
☆ 特に明るい炎は、うれしいサプライズによって愛があなたの人生を明るく照らすことを暗示。
☆ 芯の先端が明るく輝くのは、誰かがあなたを愛しく想っているという暗示。
☆ スパークする（火花を出して燃える）炎は、あなたにふさわしい愛が飛び込んでくる、またはすでにやって来ていることを暗示。
☆ 炎が小さくなっているのは、シグナルを送ってきている誰かの心が、まだ定まっていないことを暗示。
☆ パチパチと音をたてる炎は、真実の愛の行方がスムーズに進展しないことを暗示。
☆ キャンドルが燃え尽きる前に消えてしまう炎は、きずなの終わりを暗示。それは、あなたの愛とは限りません。誰かの不実を明らかにするショッキングな発見を警告しています。でも、信頼している誰かの秘密やごまかしに気づいたとしても、あなたはその行為を許してあげるでしょう。

彼はわたしを愛している？

Dose he or she love me?

空の雲を見つめながら、質問に意識を集中します。「もし質問の答えが『YES』ならば、分かれて散らばりますように……」と雲に言ってみましょう。もし２～３分以内に雲が分かれたら、幸運の青空はあなたのもの。逆に、なかなか分かれなかった場合は、一時的な障害が、真実の愛の小径を曇らせてしまうことを意味しています。ただし、長い時間をかけて最終的に分かれてしまった雲は、きずなに別離が訪れることを暗示しています。

12本のキャンドル占い

Twelve-candle circle

晴れた日中か夜に、友達とグループで12本のキャンドルを持って外に出ましょう。コンクリートか平らな地面に、直径約３メートルの円を描くようにキャンドルを均一に立ててください。そして12本のどれかに、あなたと友達の恋人候補の名前をつけます。

キャンドルに火を灯し、時計回りの方向に向かってキャンドルを跳び越してください。その時にもし、あなたの好きな人の名前をつけたキャンドルが消えてしまったら、愛の魔法の火花は飛ばず、愛の光は薄れて消えてしまうことを意味します。炎が消えなかったら、その相手としあわせな恋愛ができるサインです。次に占う友達のために、消えてしまったキャンドルにも

う1度火を灯しましょう。

　また、この12本のキャンドルの輪で、12ヵ月以内に待ち構えている恋の行方を判断することもできます。12本はそれぞれその年の月を表しています。

　1月からはじめて12月まで、順番にキャンドルに火を灯し、時計回りにその上を跳び越しましょう。炎が消えなかったキャンドルの象徴する月が、あなたにとって1番幸せな月となるでしょう。同じようにこのキャンドルの輪を、結婚する月を判断するために使うこともできます。

　12本中の7本を使って、恋人と逢う、または連絡がある曜日を知ることもできます。時計回りに跳び越して炎が消えなかったキャンドルが、愛が光り輝く曜日となります。曜日占いには、それぞれの曜日を象徴するカラーのキャンドルを使うのがおすすめです。

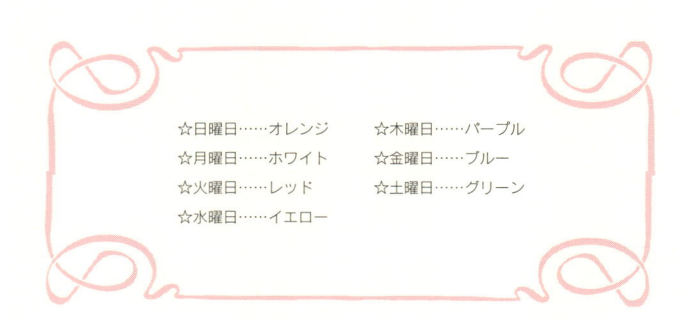

☆日曜日……オレンジ　　☆木曜日……パープル
☆月曜日……ホワイト　　☆金曜日……ブルー
☆火曜日……レッド　　　☆土曜日……グリーン
☆水曜日……イエロー

サイコロ占い

Gambling with dice

サイコロを転がしてランダムに占います。ひとつの目には、あなた自身の判断を導く回答があります。

【1】今のあなたで大丈夫。ひとりで準備をしておけば、最終的に利益を得られます。
【2】特別な誰かと出逢う運命です。
【3】あなたと恋人のどちらもが、お互いを「たったひとりの大切な人」と思っています。
【4】あなたの疑いは、当たっている可能性が高いでしょう。
あなたの決断は正しいでしょう。
【5】三角関係にあるなら、自分を信じ、身を引いて待ちましょう。
もしその愛が本物なら、恋人はあなたのもとに戻ってきます。その愛が本物でなくとも、明るい道が開けます。
【6】あなたの望みどおりになるでしょう。

⚜

恋の行方を占うために、植木鉢の土にいくつかの種を蒔きましょう。種に太陽の光が均一に当たるように鉢を窓辺に置き、水をやります。最初の芽が生き生きとしていたら、ハッピーな恋に。また最初の芽に元気がなかったら、その恋には努力が必要です。

彼の気持ちを確かめる

He loves me, he loves me not

白い紙を切って、2.5cm四方の紙を2枚用意します。1枚を黒いペンで表裏ともに塗りつぶします。そして白と黒の紙をテーブルから落とします。白いほうが先に床についたら、彼はあなたを愛しています。もし黒が先に落ちてしまったら、答えは「NO」です。

彼とつきあえる?

Will we date?

くるみの殻を壊さないようふたつに割り、中身を取り除きます。くるみは豊かさの象徴です。好きな人が振り向いてくれるか、それとも見向きもしてくれないかを知るためには、ふたつに割った殻の底にロウで小さなバースディキャンドルを固定します。ひとつはあなた、もうひとつは好きな人を表しています。ボウルに水をはって殻を浮かべ、両方のキャンドルに火を灯しましょう。殻が互いのほうへ向かって漂ってきたら、ふたりがつきあう可能性は十分にあります。もし、離れていったら、今はまだ彼は、あなたにあまり興味がないようです。

あなたの興味の対象が複数ならば、くるみの殻とキャンドルの数を増やして試してみましょう。あなたを表す殻に近寄ってきた殻は、あなたをデートに誘うのが誰かを暗示しています。

また、1番長く燃えていたキャンドルは、その人があなたを1番強く愛してくれていることを表しています。

キスのおまじない

To be kissed

恋人に逢う時、薔薇の花びらを持っていきましょう。彼（彼女）がドリンクを飲む時、唇がカップのふちのどの位置にふれたかに注目します。

花びらをカップの唇がふれた場所に押しつけて、愛する人の唇が創り出した見えない磁力を吸収させます。家に帰ったら、新しい白い封筒に花びらを入れて、枕の下において眠ります。近いうちに彼（彼女）があなたにキスをしたくなるはずです。

恋人からの連絡はある？

Will I hear from the one I love?

ふちの広いボウルをテーブルに置き、器いっぱいに水を満たします。その横に白いキャンドルを灯し、質問をしながら小石を水に落としましょう。小石がおこした波紋の数を数えます。さざ波の数が奇数なら答えは「YES」、偶数ならば「NO」です。

もし答えが「YES」だったら、今度は何日後または何週間後に連絡をくれるのか、次のように訊ねてみましょう。「明日、彼（彼女）は連絡をくれるでしょうか？」波紋が奇数なら「YES」、偶数なら「NO」です。

ハトがクークー鳴いているのを聞く時は、恋人があなたのことを話していて、家に招待したいと思っているのです。

彼のハートを取り戻す

To get an errant lover to return

ピンを使ってキャンドルに恋人の名前を刻み込みましょう。キャンドルは、最後に逢った時に恋人が着ていた洋服の色のどれかにしてください。あなたの好きな色のキャンドルも用意して、あなたの名前を刻み込みましょう。そして両方のキャンドルを灯して、座ります。

白い紙にブルーのペンで、恋人の名前を書いて四角で囲みましょう。キャンドルが溶けてきたら、両方のキャンドルから文字の上にロウをたらしながら、こう唱えます。「〇〇さんのわたしへの愛は、封じ込まれました」。名前がロウですっかり覆われ乾いたら、新しい封筒に入れて保管しましょう。ロウが割れてしまわないかぎり、恋人は戻ってくるでしょう。

恋人ができるおまじない

To got out together

暖かい日の朝露が消える頃、薔薇の花びらを集めます。花びらを1枚だけ除いて白い紙の上に置き、水分を乾かします。裏側もよく乾かしてください。他の1枚の花びらにピンであなたの名前を刻みつけましょう。

乾いた花びらをハンカチの上にのせ、粉末のニオイショウブ*の根と混ぜて、細かい粉末になるまで砕きます。その上に名前を刻んだ花びらを砕かずに置いて、先ほどの材料とあわせて球形の入れ物に入れ、赤いリボンで周りを結びます。その魔

法のポーチを枕の下に置いて眠れば、近いうちにステキな人が現れるでしょう。

ラブ・ジオマンシー

Love written in the sands of time

ジオマンシーという占いを紹介します。「ジオ」とはギリシャ語が語源の地球の意味、そして「マンシー」は占いという意味です。

トレイに深さ2〜3cm程度の砂を入れ、平らにならします。テーブルクロスか新聞紙の上にのせたお皿でもOK。指先を使って砂の上でペンを持ちます。目を閉じて、あなたか、またはほかの誰かが、21まで数えます。そして、無意識に手が動いていくままに、砂の上に形を描きましょう。意識的に手を動かすのではなく、なにかに自然に手が導びかれる感覚に任せましょう。

☆線
　短くてバラバラの数本の線は、ふたりの関係がコミュニケーション不足のまま、時が経っていくことを暗示。短くて深い線は、予期せぬ人の来訪を告げています。長く深い線は、家から遠く離れたところでの恋愛、もしくは好きな人と一緒に遠くへ旅行することを暗示。ギザギザのとがった線は、愛がスムーズに進展するまでに、たくさんの波乱があることを暗示。

☆文字
　「D」＝絶対に　「M」＝たぶん　「N」＝ノー
　「P」＝もしかしたら　「Y」＝イエス

☆十字
　ハッピーな恋愛の暗示。線が深ければ深いほど、恋人のあなたへの気持ちは真剣です。

☆小さな円
　恋人の家族に紹介され、家族の輪の中へと招かれる暗示。友情のリング、もしくは婚約指輪を贈られることも……。
☆大きな円
　友人や知人との輪が広がります。あなたの世界を大きく広げるような、見知らぬ場所に行くことになるでしょう。
☆三角
　三角が上を向いていたら、愛が高まっていくことを意味します。逆に下向きの三角は、進展しない愛、もしくは別れの危険の暗示。または困難がふたりの関係の邪魔をすることを暗示。
☆四角
　予想もしないうれしいサプライズと贈り物の暗示。
☆ハート
　しあわせな、不朽の愛を意味します。
☆鳥
　すぐにグッドニュースがあるか、誰かの招待を受ける暗示。
☆山
　試験に合格、または困難を乗り越えた喜びがやって来る暗示。
☆海
　近いうちに旅行をするか、海外か遠方、海沿いからのニュースを受け取る暗示。海辺旅行も予想されます。
☆剣
　誰かに想われています。その情熱がやがて表面に現れるでしょう。
☆花
　感謝のプレゼントが届けられるかもしれません。

⚜

土曜日のくしゃみは、日曜日に恋人の予期せぬ来訪やニュースがあることを暗示。

III 魔法の時間
Magical times

1 年のうちのある特定の日や時間は、特に愛への影響力が強くなります。そんな機会をあなた自身が利用すれば、望んでいるものを手に入れることだって決して夢ではありません。春、盛夏、ハロウィン*、クリスマス、大晦日、そして新月と満月などは、特に愛の情熱を上手に伝えられる時と言えます。

魔法のアブラカタブラ時間

Your magical abracadabra hour

わたしたちは自然の一部。ですから個人特有の能力のプラスマイナスは、月の満ち欠けや、地上の果実の成長や衰退などと結びついているのです。毎日午前と午後に、あなた特有の能力が増幅する時間があり、それがあなた個人の魔法の時でもあるのです。魔法をかけるべき時間を見つけるには、例のように、誕生日の生まれ年（西暦）、月、日付を足してみましょう。

《例》生年月日：1982年9月17日生まれの場合
【年】…1982＝1＋9＋8＋2＝20、2＋0＝2⇒「2」
【月】…9 ⇒「9」
【日】…17＝1＋7＝8 ⇒「8」
上のすべてを足して導き出される数＝2＋9＋8＝19、1＋9＝「10」

この例では午前10時と午後10時が、日々の行動の中で魔法をかけて成功するのに効果的な時間。もし恋人の誕生日を知っているなら、彼（彼女）の魔法の時間にあわせて愛の魔法をかければ、自分と恋人の心を結びつけることもできるでしょう。

ムーン・ラブ

Moon love

新月は、愛を引き寄せるおまじないをかけるのにぴったりの魔法の時間。新月の魔法は、空に三日月として見えはじめる時にかけましょう。新月から3日たたない時点でかけるのは、タイミングとして早すぎます。また、マイナスの気分を取り除く時には、欠けていく月に魔法をかけるのが1番です。

月の満ち欠けは、潮の満ち引きを創り出します。月は太陽からの反射光によって輝くため、感受性を司ると言われています。満月の夜には、月の地球への引力が海の潮を最高潮まで引き上げます。満月は太陽と月の間の矛盾した力によって、物事がゆがみ、対立が起こりやすくなり、さまざまな変化が起きる不安定な時です。

月のライムバス

Lunar lime bath

愛の惑星に捧げられたという神聖なライムには、愛を引き寄せる力があります。新月の後の朝から28日間、ライムオイル、または搾りたてのライム果汁を5滴、お風呂にたらします。毎日会う人を惹きつけたいのなら、さらに5滴のライムオイルを相手の名前を書いた紙にたらし、それを日中持ち歩きましょう。

月を呼びおろす魔法

Drawing down the moon

月を呼びおろす、それは池や水たまり、海、または鏡に反射した月を見る魔法のこと。ボウルにはったた水や手鏡を使って月の魔法をかけることもできます。

満月の夜、白い新しい紙を満月の形の円形に切り取ります。意中の人の名前を逆向きの鏡文字でその円形に書き、鏡の前に置きます。裏側にあなたの名前も鏡文字で書きましょう。意中の人は魔法の効果であなたを愛するようになるでしょう。

月明かりの魔法

Moonlight magic

鏡の前、もしくは平らに置いた鏡の上に、月を象徴するシルバーか、ホワイトのキャンドルに火を灯してください。葉を三日月形に切り、それをキャンドルの前に、先端を左側に向けて置きます。葉の裏面にあなたの名前を、表面に好きな人の名前を書いてください。

好きな人のハートをあなたへと傾かせるためには、月明かりが鏡に当たる場所で魔法をかけます。葉をひっくり返して、あなたの名前を鏡に映せば、彼（彼女）のハートはあなたに向いてくるはずです。次の満月の日までこの葉を枕の下に置いて眠り、その後小さく破りましょう。そして、雨の中にばら撒くか、川や海などの流水に投げ入れましょう。

洋梨の魔法

A moon-cycle meeting

28日以内に再会したい時には、洋梨を半分に切り、ひとつにまとめて糸で結びましょう。ピンクのキャンドルに火を灯して、「わたしたちはひとつ」と唱えてください。そして洋梨をオーブンで焼き、ふたりが一緒にいることを想像しながら食べましょう。

月夜のキャンドルマジック

Moon roses for constant love

満月の夜、1本はあなたを、もう1本は恋人を象徴する2本の薔薇を花瓶に挿します。それをドレッサーの鏡の前に置き、キャンドルを1本灯して、薔薇と炎を鏡に映します。鏡に月が映るようにすれば、魔法の効果がさらに強くなります。あなたと彼（彼女）が一緒にいて、愛のしあわせを感じている場面を想像しましょう。キャンドルを吹き消せば、その愛は花開くでしょう。愛しい人に強い愛の気持ちを送りたい時には、薔薇のとなりのキャンドルにもう1度火を灯し、強く念じてください。

しばらくして薔薇が枯れてしまったら、彼（彼女）があなたに宛てて送ってきた手紙の封筒にしまっておきましょう。または新しい封筒に入れて、枕の下かベッドサイドの引き出しに入れておきましょう。

きっとあなたの気持ちが届くはずです。

月と薔薇の魔法

Moon roses love

満月の数日前か、ちょうどその晩、手鏡と2本の薔薇と赤かピンクのリボンを持って外に出ましょう。月の光を受けるように手鏡を持ち上げ、鏡に映った月の上に薔薇をのせます。そしてリボンで薔薇を手鏡に結びつけます。その薔薇と鏡は、ベッドサイドに置いておきます。花がしおれたら、花びらをバスタブに浮かべて愛の魔法を吸い込みましょう。そのパワーがステキな恋を呼び込むでしょう。

新月に込める願い

New moon love attraction

新月の金曜日の晩、赤いキャンドルに火を灯してください。小さな赤い紙切れに、好きな人の名前を書き、その紙にローズオイルをすり込んでください。紙を燃やしながらこう唱えましょう。「○○さんの心をわたしに振り向かせたい。○○さんはわたしに気持ちを打ち明けるまで、ずっと落ち着かない気持ちでいるでしょう」。紙が受け皿の上で灰となって燃え尽きるまで、そのままにしておきます。キャンドルの火を消したら、無言のまま静かにベッドに入りましょう。

⚜

恋人が眠っている間に、手鏡を使って愛しい人の顔に月明かりを反射させます。目を閉じて願いごとをすれば、恋人は魔法にかかってあなたに魅せられるでしょう。

満月の願いごと

A full-moon wish

満月の夜、できれば屋外で、水の入ったグラスを持ち上げて、月を底に反射させてください。目を閉じ、願いをかけます。そしてそのグラスの水を飲み干しながら、あなたの恋愛関係のアンラッキーがすべて、月が欠けていくとともに消えてなくなるように願います。これから欠けていく月は、ネガティブな感情をすべて運び去ってくれるでしょう。

鏡の魔法

Mirror magic wishes

あなたの魂が鏡に映し出されるように、星々の本質も鏡に投影されます。星の多い夜、手鏡を持って屋外か窓辺に立ち、空を映します。7つの星を7日間の夜にわたって映し出し、そして7つの星に願いをかけましょう。

恋人が夢に現れる

Dream mirror magic

あなたの次の恋人が夢に現れる方法を紹介します。お風呂に入った後、キャンドルを灯します。ベッドに入る前に炎を見つめ、手鏡にその炎を映しだし、そしてキャンドルを吹き消します。鏡を枕の下に置いて眠れば、あなたのハートに情熱の火を灯すようなステキな人が夢に現れるはずです。

太陽のおまじない

Sunshine for a special day

小石に赤いリボンをぐるぐる巻きつけ、石が完全に見えなくなったら固く結びます。この小石は太陽を象徴します。それにふれることで、太陽とあなたの魂との間につながりが生まれ、太陽があなたの願いを叶えてくれるでしょう。

黄色い紙に、太陽が光り輝いてほしいと願う日の日付を書き込み、さきほどの太陽の小石をのせて窓辺に置いておきましょう。その日付が過ぎたら紙は燃やすか土に埋めます。未来の輝かしい日々のために、小石は大切に持っておきましょう。

今の自分にサヨナラ

To summon the winds of change

今の自分や状況をなんとか変えたいと願うなら、高いところから石の上に水を注いで飛び散らせます。雨のように水を降らせながら、声に出してまたは心の中で願いごとをしましょう。

あなたの愛に、夏のような盛りと輝きを招くためには、セントジョーンズワート*を玄関脇に植えましょう。暑い夏の日に、思いがけない愛がもたらされることでしょう。

タンポポの魔法

To cloud the sunset

今の状況を終わりにしたいなら、まず手のひらいっぱいの砂、土、またはタンポポの綿毛を持ち上げ、そして、願いをかけながら空中にばら撒き、太陽に向かって吹きましょう。

バレンタインディのメッセージ

Valentine's Day divination

バレンタインディは恋人たちに捧げられた日。それはその日を境に、鳥たちがつがいとなって結婚するからだと言われています。バレンタインディに最初に目にした鳥は、あなたの次の恋愛を象徴しています。

☆コマドリ　未来のパートナーは家庭を大事にする人。
☆金色の鳥　彼（彼女）はお金持ちの人。
☆ムクドリ　彼（彼女）は欲張りな人。
☆スズメ　彼（彼女）は信頼できる人。
☆クロウタドリ　彼（彼女）は音楽が大好きな人。
☆カラス/オオガラス　彼（彼女）は嫉妬深い人。
☆カモメ　彼（彼女）は海沿いに住む人。
☆カラフルな鳥　彼（彼女）は見た目よりも実力のある人。
☆ツグミ　彼（彼女）は本当にあなたを愛しています。
☆ハト/白い鳥　プロポーズされ、近いうちに結婚するでしょう。
☆アヒル/カモ　彼（彼女）をつなぎ止めておくのは難しいでしょう。

バレンタインデイに見た鳥が、右側に飛んでいったら、ふたりの関係はしあわせの絶頂へと舞い上がるでしょう。左側なら、愛の行方はスムーズには進まず、地に足をつけるまで時間がかかるでしょう。日が昇る方角である東に向かって鳥が飛んでいくのは、新しい愛にとって良い前兆。西に飛んでいくのは、心の痛みを表しています。あちらこちらへ飛び回るのは、今後の愛の進展がどうなるか定まっていないことを暗示。安定した水平飛行は、目的を強くもった愛を表します。

バレンタインデイ占い

Valentine's day divination with friends

　集まっている人全員の名前を小さな紙に書きます。男性と女性は別々の紙袋に分けて入れます。そこにいる参加者はみな3回ずつ、女性は男性の紙袋、男性は女性の紙袋の中から名前の紙を引きます。1回引いたら、紙はその都度、袋に戻してください。もし、ひとりの人が3回同じ名前を引いたら、その名前の相手とつきあう可能性が高いというサインです。

⚜

鳥の羽を空中に放り投げるか、あるいは小さくちぎった白い紙を窓から撒いて、あなたの心からの願いを空に送り出せば、あなたの望みどおりに解決できるでしょう。

イースターの魔法

Springtime magic

イースターは、3月21日(春分の日)の後にくる最初の満月の次の日曜日。春はものごとが自然界と調和し共鳴する季節と言われています。その時期にかける愛の魔法は、効き目が特に強くなります。

ですから、自然界の一員であるあなたの好きな人にも、同じ強い効力を持つのです。魔法が叶うまでに時間がかかり、じれったくなっても、魔法が効かなかったわけではありません。春になって種がはじけて芽吹くまで、愛は冷たい地面の暗闇のなかに隠れています。魔法を疑い、干渉してしまうと、目には見えないデリケートな力のバランスを崩してしまうでしょう。

ハロウィンのおまじない

Halloween dream divination

くるみ、ヘーゼルナッツ、アーモンド、ブラジルナッツを、それぞれ1個ずつ刻み、指で7つまみのナツメグの粉を加えましょう。パンのスライス1枚を7つの小さなかけらに切り分け、さきほどの材料をつけて丸めます。ハロウィン*の日の夜、ベッドに入る前にこのパンを食べましょう。恋人の、または恋人となる人の夢を見ることができます。

⚜

雪の日の結婚式はラッキーだと言われています。その結婚式が本当に純白なホワイト・ウェディングになるからです。雪のかけらはすぐに赤ちゃんを授かるというサインです。

ヒヤシンスの魔法

To make three wishes come true

ハロウィンの日、ヒヤシンスの球根3個を室内の植木鉢に植えましょう。それぞれの球根は、あなたが実現させたい願いごとを象徴しています。ひとつずつ願いごとをしながら植えましょう。どの願いかを見分けるために、球根の上に小さな石を置いて目印を作りましょう。そして、ベッドルームに鉢を置きましょう。

球根が成長してくるにつれて、あなたの願いは根をはり出します。そして、葉を出すと共に願いも育ちはじめます。ヒヤシンスが花開いた時、その1番目、2番目、3番目という順に従って願いごとは叶うでしょう。その花たちの香りや姿は、どれだけ甘く優しくあなたの願いが実現するかを暗示しているのです。花がしおれてきたら、屋外に植えなおしましょう。

ハロウィンの結婚占い

Halloween marriage divination with friends

誰が1番はやく結婚するかを知りたい友達同士で、一緒に占ってみましょう。ひとりひとつずつリンゴを手に持ち、リンゴの芯に沿って、糸を通した長い針を突き通してください。リンゴの底の部分で結び目を作りましょう。

それぞれがリンゴを吊るして持ち、くるくると円を描くように回しましょう。1番先にリンゴが落ちた人が、最初に結婚することになるでしょう。

クリスマス・イブの魔法

Yule divination

クリスマス・イブに、リンゴの木に向かって後ろ向きに歩きます。次に木の周りを、今度は前向きに9周します。少しの間、目を閉じます。目を開けると、未来のパートナーのおぼろげな幻影が見えるはずです。

クリスマス・キャンドルの魔法

A Christmas candle wish

クリスマス・イブの日、キャンドルにあなたの願いごとを刻み込みます。クリスマスから12日間、毎日キャンドルに火を灯しては、それを吹き消します。最終日の夜、キャンドルを消した後に土に埋めましょう。きっと願いが叶うはずです。

12月31日の願いごと

A New Year's Eve wish

真夜中0時になる少し前に、裏口のドア、またはベランダの窓を開けておきます。コインをいくつか窓辺に置き、そしてヒイラギとヤドリギ*、アイビーを赤いリボンで結び合わせます。真夜中の魔法の時間になったら、表玄関を開けながら願いごとをしましょう。古い愛は去り、新しい永く続く愛が招き入れられるでしょう。愛を家の中に留めておきたい時には、ドアまたは窓を閉めてください。

1月1日の願いごと

A New Year's Day wish

新年の最初の日、テーブルを覆うように新聞紙を大きく広げ、エプロンかスモックなどを着てください。ブルー、グリーン、レッド、またはブラックのインクもしくは着色料を、大きなガラスのボウルに入れます。実のついたヒイラギの枝を持って、特別な新年の願いごとを念じながらゆっくりとかき混ぜます。

インクが新聞か手にはねかかったら、それが重要な意味を表しています。新聞にインクがはねた部分の文字、文章、段落が、新年を予言しているのです。また肌にはねかかったインクは、恋人のイニシャルや彼（彼女）にまつわる場所を表すアルファベットの形をしているかもしれません。これらのサインを確認したら、インクは流して捨てましょう。

⚜

未来のパートナーの幻影を見たいなら、リンゴを9つに切り、串に刺します。真夜中0時にキャンドルの炎を映した鏡を見つめながら、串を左肩の上に持ちます。ぼんやりとした幻影が鏡に現れてくるでしょう。

Magical times

IV 結婚のための魔法
Love magic for life

ふたりが恋に落ちた時、どちらもが相手なしには生きられない……。お互いが生活を分かち合いたいと願う……。こんなふうに、結婚とは自然な成りゆきなのです。愛のつながりがすでに強いものなら、結婚の魔法は簡単にはたらきます。

　お互いを思いやり、理解しようとすることで、ふたりの愛のきずなは強まり、そこからふたりを包み込むエネルギー・フィールドが生まれてきます。仮にふたりの関係が、なんらかの外的な要因によって邪魔されたとしても、そのエネルギー・フィールドが、ふたりの関係を守ってくれるでしょう。

聖カタリナのおまじない

To find a husband

　もしあなたが、結婚相手を探しているのなら、シングル女性の守り神「聖カタリナ*」に願ってください。「わたしは結婚したいと思っています、聖カタリナ。ハンサムな人と……、聖カタリナ。お金持ちの人と……、聖カタリナ。そしてすぐに、聖カタリナ」。

プロポーズを受けるには？

To receive a marriage proposal

　満月の夜またはその数日前に、小さな金色のキャンドルにこう刻みましょう。「〇〇さん（相手の名前）は、△△（あなたの名前）にプロポーズするでしょう」。

　それをベッドルームの鏡の前に置いて火を灯し、キャンドルと炎が両方とも鏡に映るようにしてください。キャンドルが燃

え尽きてひとりでに消えるまで座っていてください。燃え残りのロウは、塩の中に埋めましょう。

プロポーズのおまじない

To get him to propose

ピンを使って赤いキャンドルに愛する人の名前を書き、もう1本の赤いキャンドルにあなたの名前を刻み込みます。古い鍋にその2本のキャンドルを入れて火にかけ、ロウを溶かします。ロウが冷めて固まりはじめたら、ふたつの芯は取り除きます。半分ほどをすくい出して、愛する人の人形を、両腕を伸ばした形に作りましょう。残り半分のロウを使ってあなたの人形も作ります。人形を向き合わせて抱き合うように置き、そしてそのまま赤いリボンで結びつけます。

赤いキャンドルを灯し、ピンかペンを使ってベイリーフ*に次のように書きましょう。「〇〇さん(相手の名前)は、わたしにプロポーズするでしょう」。新しい白い封筒に、そのベイリーフと結び合わせた人形を入れ、封をします。キャンドルを消し、封筒を肌身離さず持っていましょう。

プロポーズの魔法

To get him to propose

6月20日頃の夏至の前夜は、魔法にふさわしい夜。その夜、金色のキャンドルを灯し、ピンク色の新しい紙と金色のインクかペンを用意します。ローマ字の筆記体で、愛する彼(彼女)の苗字と名前、それにあなたの苗字と名前を続け

て、その文字がまるで金色の結婚指輪のような円になるように書きます。そしてふたりの名前の上にローズオイルをたらし、文字がにじむまでこすってください。

　結婚指輪をする左手の薬指と小指の間にその紙を挟み、キャンドルの炎の上を前、後、前、後と動かします。すると炎で暖められたローズオイルの香りが空気中に広がります。紙を封筒に入れ、枕の下に置き、キャンドルを消します。夏至前夜の夢があなたの眠りに広がっていくでしょう。封筒をいつも枕の下に置いておけば、恋人はいつもあなたの夢に現れ、やがてプロポーズしてくれるでしょう。

満月の夜の占い

Cloud counting

満月の夜、手鏡を持って屋外に出て、月を鏡に映します。いったん月の姿を映したら、鏡の中の月に雲がかかるまでの時間を数えましょう。数えたその秒数が年月を表します。月に雲がかかるまでの秒数が、結婚するまでに何ヶ月、あるいは何年かかるかを表しています。

⚜

恋に障害のあるカップルが、どちらかの誕生日に結婚式を挙げるのはアンラッキーだと言われています。

結婚を近づけるためには

To marry

ひとりで、または結婚したいと思っている相手と一緒に、目を閉じて、結婚式のセレモニーとふたりが誓約を交わしている姿を思い浮かべます。その時、結婚式の様子をできるだけ詳しくはっきりと思い描きましょう。きっとふたりの結婚が近づくはずです。

ふたりがずっとハッピーに

To keep a couple happy

新月の夜に麦わらを水に浸し、数日間おいて柔らかくします。わらが柔らかくなったら、ひも状に編んで結び合わせ、2本の木の周囲を結ぶのに十分な長さに仕上げます。

2本の木をつないでいたわらのひもが、ばらばらになりはじめたら、その木の間に埋めてください。ハッピーな結婚生活が木々の元気なエネルギーによって守られるでしょう。

⚜

結婚式の日、新郎のタキシードの糸と新婦のウエディングドレスの糸を結び合わせましょう。その糸を愛のお守りとしてずっと持っていれば、ふたりの結婚のきずなは永遠のものになると言われています。

V 愛を長続きさせる魔法
Keeping love alive

愛を生き生きと保つためには、相手を喜ばせようと努力し、お互いのためを思い、絶えず愛する人の求めていることを理解しようとすることが必要です。

けれどもふたりはお互い、常に異なる視点でものを見るため、いつも意見が一致するとは限りません。お互いの幸せをひとつのものにしようと努力することによって、ふたりの結びつきは、ひとつに溶け込み、混ざり合っていくことができるのです。

愛を育てる魔法

To make love grow

新しい愛を盛り上げるためには、米、パセリの種、ゴマをひと握りずつボウルに入れます。指で時計回りに7回かきまぜ、早朝に地面に撒きましょう。

もうひとつはザクロを使った魔法です。赤い実がぎっしりとつまったザクロは、昔から豊かな繁栄の象徴とされてきました。赤いキャンドルにピンの先端が反対側に出るまで突き刺し、炎を灯します。次に炎が灯っている間に、ザクロを手に持って、恋人の名前のイニシャルの形にピンを1本ずつ刺していきます。これでザクロにイニシャルが象られました。そしてキャンドルを消したら、そのザクロを土に埋めましょう。

生涯の恋人に、早く家に来てほしい時には、あなたの家へ着くまでの間、窓辺にキャンドルを灯しておきましょう。

情熱を高める魔法

To preserve love

ジンジャー（生姜）には防腐剤の効果があります。恋人の熱い情熱を保ちたいなら、彼（彼女）の写真を鏡の正面にジンジャーと一緒に置き、赤いキャンドルを灯しましょう。そのふたつが鏡に映っている間に、あなたの願いを強く念じれば、恋人のあなたへの情熱はアップするでしょう。

満月の花占い

Flower vitality

満月の真夜中０時に、花を何本か摘みます。その花をドレッサーの鏡の前かベッドサイドに倒して置き、１本１本にふれてください。朝までに花がしおれてしまったら、愛も同じようにしおれてしまうでしょう。その時には花を花瓶に活けてください。もし花が元気を取り戻したら、愛の炎も再び燃え上がるでしょう。

キスで魔法をかける

To bewitch with a kiss

キスの時、ふたりが銀色の光に包まれている場面を想像します。光の輪が甘いキスで輝きを増し、強くなっていく場面を思い浮かべます。キスの後、恋人の周りだけにある光の輪を思い描いてください。恋人を守る魔法をかけたので、一緒

にいない時でも、彼（彼女）に惹かれている誰かが近づくことはできないでしょう。

恋人を虜にする魔法

To drive your lover wild with passion

金曜日の真夜中０時５分前に赤いキャンドルを灯し、柄が木製の古いナイフを焼きます。よく切れるナイフはケガをするかもしれないし、柄が鉄製のナイフは熱くなってやけどをすることもありますので使わないようにしましょう。

０時になり、ナイフの刃が赤く燃えた時、こう唱えましょう。「〇〇さん（相手の名前）の情熱は、赤く熱く燃えています。愛が燃え上がる時、彼（彼女）はわたしにますます夢中になるでしょう」。深いステンレスのボウルに冷たい水をはり、熱した刃を入れ、キャンドルを消しましょう。

薔薇のおまじない

To hold on to love

月が満ちていく時、小さな薔薇を２本、十分な大きさの鉢に植えましょう。その２本にピンクのリボンをかけて結びます。薔薇がいつも元気に伸びるように、リボンを時々ゆるめてあげましょう。成長していくにつれ、２本の根はからみつき、あなたと恋人を結びつけます。葉が生い茂ったら愛は成長し、花びらが開いたら愛が招き寄せられるでしょう。そして花盛りには、あなたとの愛も花盛りを迎えるはずです。花がしおれたらリボンを外し、薔薇を大切に育てましょう。

本当の恋を手に入れる

To keep love true

ブルーのキャンドルに、数滴のクローブ・オイルをたらし、先端から中央（北極を表す）に塗ります。次にキャンドルの下から中央（南極を表す）に、さらに数滴のクローブオイルを塗り込みます。天然の防腐剤であるクローブは、願いに応じてもの本来の力を強めたり、保存することができます。

次に太陽に司られるベイリーフを用意し、ペンで恋人の名前を書きましょう。数滴のクローブオイルを名前の上にたらしてすり込みます。これで、彼（彼女）のあなたへの愛を新鮮に保存できます。キャンドルに火を灯し、ロウが溶けてきたら、ベイリーフに書いた名前の上にたらしながら唱えましょう。「あなたのわたしへの愛は、封じ込められました」。

そのベイリーフを、ベッドルームの窓辺の日光（愛の光）のあたる場所に置くか、ベッドルーム（夜を共にすることを象徴）の引き出しにしまいます。シチュエーションに応じて、ベイリーフの置き場所は動かしましょう。

⚜

なにかに寄り添いながら成長してゆくアイビーは、恋人をしっかりとつなぎ止めておく力の象徴。アイビーのつたをスイカズラに巻きつけて、赤いリボンかひもで結び合わせます。一緒に花瓶に入れ、花がしおれたらアイビーと共に土に埋めます。

スイカズラの魔法

To bind love with honeysuckle

魔女のはしごとして知られるスイカズラ*は、愛が天国の高みまで登りつめるのを助けてくれます。

まず、7本のスイカズラの茎（花はなくてもOK）を摘みます。

次に、ピンを使って赤いキャンドルに恋人の名前を下から上に向かって刻み込みます。キャンドルホルダーに刺す部分を残しておくのを忘れないでください。充分な長さの赤いリボンかひもを用意します。テーブルの上の、キャンドルの前に7本の茎を並べて置きます。そして、手前から茎をリボンでそれぞれ固くはしごのように結びつなげます。そして結び目に触りながら、呪文を唱えます。「わたしの魔法は、ひとつ目の結び目からはじまる。ふたつ目から効きはじめる。3つ目は〇〇さん（相手の名前）をわたしに結びつける。4つ目は愛の扉を開ける。5つ目は愛の成就をはっきり示す。6つ目はこの魔法が永遠になる。7つ目でこの魔法は神の祝福を受ける」。

キャンドルを消し、恋人の愛がずっとあなたのものであるように、「魔女のはしご」をいつもそばに置いてください。時が経ったら、結び目をさらにきつくしてはしごをまっすぐにし、高まる希望を祈りましょう。

誕生日か結婚記念日にコマドリか虹を見たら、ラッキーな愛の兆し。

恋人と同じ夢を見る

To share the same dream

離れて暮らす恋人と、ふたりが一緒に出てくる同じ夢を見ることを約束しましょう。同じ曜日の同じ時間に、それぞれの家で同時にベッドに入ります。ふたりともベッドに行く前の30分間、パープルのキャンドルを灯しましょう。

ひとりが先に夢の前兆を見るかもしれませんが、何度も同じように繰り返しているうちに、ふたりとも同じ晩に同じ夢を見るようになるでしょう。お互いに見た夢の話をし、夢の中で起こった出来事を見守りましょう。

恋人に効く媚薬

To bewitch a lover

キャンドルの灯りのもと、それぞれおよそ15gずつのニオイショウブ*、サンダルウッド*、タルク*の粉を皿に入れ、指先でその3種類を混ぜ合わせます。その調合薬を小瓶か、白い封筒に注ぎ込み、キャンドルを消しましょう。この魔法の粉をひとつまみ、恋人のポケットに忍ばせれば、あなたの願いが叶うでしょう。

⚜

ハトのつがいを見るのは、温かい愛の巣があなたのものになるというロマンティックな知らせです。

ハッピーな愛のレシピ

A recipe for happy love

恋人と一緒にふたつのリンゴの皮をむき、切った後にゆでます。ひとつのスプーンで一緒にかき回しながら、ふたりの願いを唱え、混ぜ合わせます。混ぜ合わせたスプーンを置き、ひとつの銀色のスプーンで一緒にリンゴを食べましょう。リンゴは愛の惑星「金星」に、銀と感情は「月」に支配されているのです。

忘れな草の魔法

To prevent forgetfulness

忘れな草の大きな束をガラスの花瓶に入れ、好きな人の名前を書いた紙の上に置きましょう。もし、恋人本人のサイン（書いたメモ）を持っていたら、それを使ってください。花瓶の横にピンクのキャンドルを灯します。そして炎を見つめましょう。すると、だんだんあなたの気持ちが炎に注ぎ込まれます。これで、彼（彼女）のハートはあなたのほうに向かうでしょう。

別れを無効にする

To never say good-bye

小さな紙に、彼（彼女）が別れた時にあなたに言った言葉を書きましょう。それを新しい白い封筒に、数枚の新鮮

なセージ*の葉か乾燥させたセージと一緒に入れましょう。

あなたが魔法のお守りを持っている間中、ずっと愛の惑星「金星」に司られたセージが、恋人の別れの言葉を無効にしてくれるでしょう。魔法を取り消したくなったら、封筒と中身を燃やし、灰を土に埋めるか、窓の外に放り投げてしまいましょう。

薔薇に込める願い

To be part of your lover

薔薇の花びらを1枚取り、ピンで恋人の名前を刻みます。ハート形に切ったライスペーパーにこの花びらを巻き、恋人に食べてもらいましょう。これであなたと彼（彼女）は一体です。

ハートをひとつに

To keep two hearts as one

ふたりの深い愛情が切り離されないよう、閉じたハサミにローズマリーを巻きつけます。太陽に支配されるローズマリーは、ハッピーな思い出を象徴します。ハサミの先端を家とは反対の方角に向けて土に埋めましょう。もし恋人と別々に住んでいるのなら、恋人の家の方角は避けましょう。

いつかこの関係を終わらせたくなったら、ハサミを掘り出して巻きつけたローズマリーを外し、ハサミを開いて恋人の家の方角に向けて埋めながら唱えます。「〇〇さん（相手の名前）、あなた自身の道を行ってください。わたしの魔法は解けました」。

恋人と一体になる

To be part of the one you love

あなたの名前を新鮮な、または乾燥させたベイリーフ*に刻み込み、恋人の好きなレシピで料理しましょう。

またはストロベリーにあなたの名前を刻み、フルーツサラダなどに入れましょう。そのストロベリーは確実に彼（彼女）に食べてもらいましょう。

ハートを溶かす呪文

To melt a partner's heart with love

ピンクのキャンドルを用意し、ピンでこのように刻み込みましょう。「○○さん（相手の名前）のハートは、わたしへの愛で溶けてしまうでしょう」。鏡を平らにして、その上にキャンドルをのせ、月が反射する場所に置きましょう。

氷を入れた小皿を、鏡の上のキャンドルの横に置きます。火を灯してその前に座り、氷が溶けて水になっていくのを見守っていてください。キャンドルと氷が一緒に溶けていくように、あなたの愛する人の心もあなたへの愛で溶けていくでしょう。キャンドルの呪文を刻んだ部分が燃えてしまったら、氷水を数滴、指で軽く落として炎を消しましょう。残りの水は庭の植物にかけましょう。

⚜

誰かがあなたの恋人を好きになった時、その嫉妬の視線が向けられないよう、指をクロス*させましょう。

彼のハートを逃がさない

To kindle the flames of passion

金曜日は、愛の惑星「金星」(ヴィーナス)に司られています。この魔法は金曜日の夜にかけると効果的です。

愛する人の写真の横に赤いキャンドルを灯します。もし写真を持っていなければ、愛する相手を強くイメージしましょう。3滴のローズオイルを炎の上にたらし、キャンドルの上から約2〜3cmあたりをピンで反対側まで突き刺しながら、こう唱えましょう。「わたしがつけた情熱の炎は、キャンドルの光で○○さん(相手の名前)の中に灯りました。キャンドルを芯まで通して、彼(彼女)のハートをつなぎとめます」。キャンドルがピンの部分まで燃えたら、炎を消しましょう。

コンフェッティの魔法

To seal two lovers as one

恋人を表す赤いキャンドルと、あなたを表す黄色いキャンドルに火を灯します。紙をハート型に2枚切り抜くか、ハート型のコンフェッティ*を使って、1枚に恋人の名前を、もう1枚のハートにあなたの名前を書きます。ふたりの名前を内側にして重ね合わせ、溶けたキャンドルのロウをハートにたらして、2枚を1枚に封印してしまいましょう。恋人のハートはあなたへの愛のきずなにつながれ、あなたのハートは恋人に結びつけられるでしょう。新しい封筒に入れてベッドルームの引き出しに大切に入れ、キャンドルを消しましょう。

ラブ・スパイス

To spice up your love life

ホワイトキャンドルを灯します。手を洗い、7つまみのナツメグと7つまみのクローブ*を左手にのせ、手のひらいっぱいになるまで塩をふり入れます。右手を左手にかぶせて座り、数分間この魔法薬をしっかりと持っていてください。そして、白い新しい紙にそれを置き、角を折って封をします。その薬袋を胸元でしばらく持ち、枕の下に敷き、キャンドルを消します。

恋人に逢う時、その薬袋を胸元に入れて持ち歩きましょう。魔法をかけたい時、包みを開き、恋人が座るか歩く場所に、2～3つまみの魔法薬を撒き、相手に気づかれないように閉じてしまいます。家に帰ったら、また使えるよう枕の下に置いて眠りましょう。空になったら、袋はホワイトキャンドルの炎で燃やし、お皿の上で消しましょう。

⚜

恋人のハートをひとり占めしたい時は、2枚の洗った薔薇の花びらをちぎり、2つのシャンパングラスに入れます。ソーダ水をグラスのふちまで注ぎます。それぞれ左手にグラスを持ち、お互いの左腕をからませて、いつまでも一緒にいられますようにと願いをかけながらふたりで花びらごと飲み干しましょう。

スイートラブのおまじない

To keep love sweet

小さなピンク色の紙に、赤いインクかペンで恋人の名前を書きます。ハチミツの小瓶を用意し、スプーンを使ってその紙をハチミツの中に沈めましょう。瓶にふたをしてピンクのキャンドルのとなりに置き、火を灯します。炎が燃えるとともに、こう唱えましょう。「蜜は甘く、彼（彼女）も甘い。○○さん（相手の名前）の愛は、わたしから離れません」。キャンドルを消し、ハチミツの小瓶は大切に保管しましょう。

ブレスレットの魔法

A lovers' knot

恋人のハートを結びつけるには、同じ長さのパープルのひもとイエローのひもを一緒に編んで結び、恋人の手首に愛のお守りとして結びつけて、ブレスレットにします。同じ色のひもであなた用のブレスレットを編むか、または恋人に編んでもらいましょう。そして、恋人にあなたの左手首に結びつけてもらいましょう。手首はハートと深いつながりがあるのです。

⚜

階段を昇る時につまずくのは、結婚が予想以上に近いというサイン。思いがけず洋服からピンが見つかるのも、結婚の兆しです。

真実の愛を永遠に

To keep your lover true to you

恋人のズボンを用意します。その上にあなたのズボンを重ねて置き、ふたつを巻いて、できる限り小さい包みにします。

赤いリボン（＝恋人を表す）を縦向きに、同じような長さの黄色いリボン（＝あなたを表す）を、相手に対するあなたの影響力を表すものとして横向きにさきほどの包みに結びましょう。赤いリボンと黄色いリボンの端を1本ずつ手にとり、「恋人結び」（赤と黄色のふたつの輪をもつ蝶結び）にします。こうして、すべての終わりの後には、新しいはじまりがあることを表す記号「8」の字が形作られました。残っているもう片方のリボンの端を黄色から赤へと結び、続けて赤から黄色へと結びます。これでふたつ結び目ができます。ふたつの結び目は男性と女性の両方を表しています。このおまじないのお守りを枕の下か、ベッドルームの引き出しにしまってください。

これでふたりの愛は永遠に結びつくでしょう。

もし恋人のズボンを手に入れることが難しければ、おまじないに使うアイテムは靴下やTシャツ、手袋、ハンカチなど、恋人の持ち物でもOKです。

3羽のカラスが一緒に飛んでいるのを見るのは結婚が近いサイン。

恋人の欲望を高める

To make your lover rampant with desire

穴のあいている石を探しましょう。小さな赤い紙に赤いインクかペンで恋人の名前を書き、紙をくるくる巻いて赤い糸で結びます。そして、それを石の穴に差し込みます。その「愛の石」を愛のお守りとして持っておきましょう。エネルギーを再充電する時には、火を灯した赤いキャンドルの横に置くか、月明かりが注ぐ窓辺に置きましょう。

魔法を取り消したくなったら、巻き紙を取り除き、石と紙をばらばらに土に埋めましょう。

恋人を誠実なままに…

To keep your lover honest

消毒した空のガラス瓶を用意します。13本のピンと沸騰したお湯を入れ、それを冷ましてふたをしっかりと閉めます。18cmほどの深さの穴を掘り、瓶の先を恋人の家の方角に向けて埋めましょう。土を入れた室内用植木鉢でも大丈夫。

もっと強い魔法のパワーが必要になる時まで、そのまま置いておきましょう。その時になったら、土からガラス瓶を掘り出して振り、再び土に埋めます。自然の磁力によって、瓶の中で並んだ13本のピンは、あなたの本当の運命の方角を指し示し、導いてくれることでしょう。

ハートをつなぎとめる

To hold on to love

恋人と外で座っている時、石を拾って相手の影が地面に映っている場所に置きましょう。できるだけ長い時間、その石を影の上に置いたままにして、その後は石をあなた自身で持っておきましょう。恋人の本質的な存在の一部を記憶した石が、彼（彼女）のハートをつなぎとめてくれるでしょう。

真実の愛の魔法

To keep love true

愛する人の髪の毛を数本、小さな紙にのせ、新鮮なもしくは乾いたローズマリーとセージ*の小枝をひとつずつ、その上に置きます。紙を中身ごとくるくると巻き、豊かさを表すグリーンのリボンで結び、身近に持っておきましょう。これで真実の愛はあなたのもの。おまじないの力を甦らせるために、12ヵ月後には新しいものに作り替えましょう。

情熱を誘い出す魔法

To entice passion

あなたに夢中にさせるため、彼（彼女）の名前を赤いキャンドルの周りに、ピンで刻みます。炎を灯して左手に少量のコリアンダー*を持ち、名前を刻んだ部分が燃えている間に、右手でつまんでキャンドルの炎の中に投げ入れましょう。

ストロベリーの魔法

To turn romantic love into red-hot passion

ピンでストロベリーに恋人の名前をローマ字筆記体で刻み、続けてあなたの名前を刻みます。さらに白い紙に赤いインクかペンを使ってローマ字筆記体であなたの名前を、続けて恋人の名前を円を描くように書きましょう。そして紙に書いた名前をストロベリーでこすってください。赤くなるストロベリーは「情熱、命、血」を象徴しているのです。

その紙を乾かし、小皿の上に置き、灰となって消えるまでキャンドルの炎で燃やします。キャンドルの炎を消し、残ったストロベリーは、灰と共に土に埋めましょう。

やがて、ふたりの愛が情熱的に燃え上がるでしょう。

彼の不機嫌をなおす

To heal a lovers' tiff

ブルーのキャンドルを灯し、左手に少量の塩を持ちます。右手で炎に、ひとつまみの塩を数回投げ入れます。炎がブルーに燃え上がった時、彼の不機嫌をなおす癒しの魔法がはじまるでしょう。

⚜

早春、植木鉢にスイートピーの種を蒔きましょう。7月にスイートピーが咲く時、2本のツル（あなたと恋人を表す）を一緒にからみつかせ、結びつけます。ふたりはぴったりと支え合い、寄り添うスイートピーのような関係になれるでしょう。

ポテトに願う愛

To bind two lovers

人の形のように見えるポテトをふたつ用意します。ひとつはあなた、もうひとつは恋人を表します。ピンクのキャンドルにピンで恋人とあなたの名前を刻み込みましょう。もし結婚している場合は、あなたの旧姓を書きましょう。ポテトを向き合わせて抱き合うように赤いリボンで結び合わせます。名前を刻みつけた部分が燃えてしまうまで、そのまま待ちます。そして、リンゴの木の下か薔薇の茂みにポテトを埋めましょう。やがて、ふたりの結びつきがますます強くなるでしょう。リンゴと薔薇は、愛の惑星「金星」（ヴィーナス）に司られているのです。

きずなを強くする魔法

To protect a loving relationship

空洞があり、大きく生き生きとしたカシの木を探します。強さのシンボルであるカシの木は、楽天主義の惑星「木星」に司られた力強い保護者。あらゆる木と同様に、世界の中枢を表しています。ひとつはあなた、ひとつは恋人を表す石をとなり同士にふれあうように並べ、カシの向かいの地面に置いて葉で覆います。あなたと恋人の運命は、木の運命とつながりました。

もし木が元気ならば、ふたりの愛は燃え上がり、木が病気になったら、ふたりの特別な結びつきも、石を引き離さない限り、弱まってしまうでしょう。もしあなたが恋人と距離を置きたくなったら、あなたを表す石を遠ざけましょう。

ローズオイルの魔法

Magic reflected

恋人があなたをもっと好きになってくれるおまじないです。恋人をつなぎとめておきたいと感じたら、恋人のベッドルームかバスルームにある鏡の四隅に、ローズオイルを軽く塗ります。恋人がその鏡を見るたび、愛の光につつまれ、あなたを人生の大切なパートナーとしてイメージするでしょう。

恋のライバルを遠ざける

To keep a rival away

あなた自身を表すホワイトキャンドルと、恋人を表すブルーキャンドルを、そしてまたライバルを表す短いグレーかブラックのキャンドルを用意しましょう。ホワイトキャンドルにはピンであなたと恋人の名前を順に刻み込み、彼（彼女）を表すブルーキャンドルには恋人とあなたの名前を順に刻み込みます。ライバルを表すキャンドルには、上のほうにライバルの名前だけを刻み込み、ピンで名前を刺し貫きます。

あなたと恋人のキャンドルをとなり合わせに置き、ライバルのキャンドルはテーブルの上のできるだけ遠くに、または室内のどこか離れた安全な場所に置きましょう。最初の２本のキャンドルに火を灯し、ライバルのキャンドルを灯す前に炎を明るく燃え上がらせましょう。ライバルのキャンドルを灯す時、「○○さん（ライバルの名前）は今日から立ち去り、もう近づきません」と唱えます。そして、あなたと恋人のキャンドルの

そばに座って炎の光で暖まりましょう。愛の光をライバルが邪魔するかもしれない……と考えてはいけません。そしてライバルのキャンドルを消し、2本は炎を灯したまま触れあうまで近づけてから消してください。ライバルのキャンドルは過去を象徴する古い日付の新聞に包み、中のキャンドルに届くようピンを刺し、急いであなたと彼の家から離れた場所に埋めてください。遠ければ遠いほど効果的です。

永遠に続く愛

For everlasting love

イチイ*の木は、1000年以上生きる力を秘めており、永遠の命を象徴しています。ひとつはあなた、もうひとつは恋人を表すイチイの枝を2本用意し、ブルーとイエローのリボンかひもを使って枝をひとつに結びつけ、固く結んで固定します。それを新しい白い封筒に入れて、持ち物と一緒に持ち歩きましょう。これでふたりの愛は永遠に続くはずです。

愛を失わないように

To never let love go

愛する人のハートをつなぎとめておきたい時、庭か森の中で、特に好きな木を探します。そして、愛を象徴する石*を木の枝にそっと置きましょう。

古来より、木は精霊そのもの、または木の精霊の家だと言われています。

ハートの刺繍のおまじない

To chain a heart to yours

1本は彼(彼女)を、もう1本はあなたを表す2本の違う色の糸をひとつの針に通します。たとえば、情熱のレッドと愛のピンク、あるいはブラックとホワイトなどを使ってもOKです。

恋人に知られないように、彼(彼女)の洋服または持ちものを手にいれましょう。そしてそれにチェーンステッチで、ハートを刺繍します。チェーンステッチをする時、1色の輪に針の先を通し、次に違う色のほうの輪だけに針を通して糸を引き、交互に違う色を上にしていくのです。ハート形に縫い終わったら、それを囲むように彼(彼女)の名前をローマ字の筆記体で刺繍し、続けてあなたの名前を刺繍します。刺繍がはじまる部分は彼(彼女)の名前が終わるところ、名前が終わる部分は彼(彼女)の刺繍がはじまったところになります。

ふたりの名前の刺繍ができたら、その洋服または持ちものをお守りとして保存してください。愛する人に呪文で呼びかけるには、このお守りを灯したキャンドルのとなりに置いて、彼(彼女)に呼びかけるのです。愛の鎖を断ち切る時には、刺繍をほどくか、お守りを燃やすか、土に埋めてください。

⚜

一生の愛をつかまえておくには、赤い薔薇をふたつ小さなジャム瓶に入れ、サンフラワーオイルを満たして、ふたを閉めましょう。そして瓶の先を、彼(彼女)の家の方角に向けて土に埋めてください。

愛を守り続ける

To keep love

くるみの殻を半分に割り中身を取り出します。太陽に支配されたくるみには、暗闇に広がっていく光の作用があると言われています。

小さな白い紙に黒いペンで、恋人の名前とその上部分にあなたの名前を書きましょう。その紙を殻の穴に入れて、再びひとつのくるみとしてつなぎ、命を象徴する赤いリボンかひもで結びます。それをお守りとして保管しましょう。

ラブレターの魔法

Love letters

手書きのラブレターは、その人物の本質を伝えるものです。ラブレターは、その恋愛を終わらせたいと願わない限り、決して燃やしたり捨てたりしてはいけません。ラブレターをなくしてしまうと、愛する人の心も失うかもしれません。

同じ人から1日に2通のラブレターを受け取るのは、その日が終わる前に、良いニュースを受け取るというサイン。もしラブレターを書く時に、あなたの文字がゆれていたら、相手に愛されているサインであり、にじんだインクは、絶えずあなたを想う彼（彼女）の鋭い感性を、あなたの想いがにじませているのだということを暗示しています。赤い文字で書かれたラブレターは、ケンカのまえぶれです。手紙を出す時に、もし郵便屋さんに逢ったら、それはもうすぐステキなサプライズニュースを

聞くサイン。

もし手紙が行き違いになったら、あなたと相手の将来にやがて試練が訪れるかもしれません。

永遠の約束

For everlasting love

春にリンゴの木が花盛りの頃に、恋人か友達と一緒に、枝を数本摘み取ってきましょう。ピンク色の糸かリボンで花を結んで、ふたつの小さな束(ブーケ)にしながら、こう唱えます。「巻きつき織り込まれ、決して裏切らず、ともにからみつく、わたしたちのきずなは永遠に続きます」。

リンゴの花のブーケをふたつとも、フライパンにのせたハートの形をしたクッキー用の型に、それぞれ入れて置きます。

ふたりが共に過ごすだろうと予想できる年数分、できるだけたくさんのキャンドルを灯して一緒に座りましょう。2本のキャンドルから熱く溶けたロウを、こう唱えながらブーケにたらします。「わたしたちふたりの心は、ひとつになります。はじまった愛は、決して後戻りはしません」。

ふたつのリンゴのブーケが、完全にロウで覆われたら、小指と小指をからませながら最後の数滴をたらします。ロウを流し込んだふたつのハート型が冷めたら、すべてのキャンドルを消し、ふたりの心がいつまでもひとつであるように、リンゴの花のハート型のロウを、ひとつずつ持ちます。人生になにが起ころうとも、ふたりはお互いのために一緒にいることでしょう。

VI 恋のピンチを救う魔法
Loves ups and downs

ふたりの人間が精神的に近づき、肉体的にも愛し合う時、ふたりのオーラは混ざり合い、固く結びつきます。肉体関係をもった後、恋人のエネルギーはしばらくの間、あなたの中に留まり、あなたのエネルギーも恋人の中に残ります。

　逆に、ふたつのオーラが永遠に引き離されてしまう時、ふたりのインナーセルフ（自分自身の内側）から生じる電気的な輝きは物理世界を超え、情緒的にとても苦しい失恋の症状がはっきりと現れます。

　どちらの状況でも、お互いに離れているうちに、オーラはもとの状態に戻ってきますが、愛しあう前と完全に同じではなく、なにかが微妙に変わっているはずです。仮に、恋人との関係が間違ったものだったと気づいた時、なぜあんな人を愛していたのかまったくわからない……という気持ちになったとしても、すぐにオーラの状態がもとに戻るわけではありません。

　ふたりの愛の結びつきが、大きな変化を引き起こしたために、お互いのオーラが、もとどおりに回復するまでに時間がかかってしまうのは、どうしても仕方のないことです。

ライバルに勝つ魔法

To discourage a love rival

　　白い紙に黒いインクかペンで、ライバルの名前を書いてください。大きめの石の下にその紙を置いて、あなたから愛を取りあげようとするライバルの狙いを、押さえ込んでしまいましょう。

　あなたが望む相手と分かち合う愛は、嫉妬や競争とは無縁になるでしょう。

クールダウンの魔法

To put passion on ice

ふたりの愛があまりに急に盛り上がり、とまどいを感じてしまう時には、いったん相手の情熱を氷で冷やしてしまいましょう。恋人の名前を小さな紙に書き、製氷皿に名前を下に向けて置きます。少量の水に３滴のローズオイルを加えて凍らせます。

相手の情熱に応える心の準備ができたら、恋人の名前を刻み込んだ赤いキャンドルを灯し、その氷を入れた小皿をその前に置き、炎が氷を溶かしていくのを見つめます。凍らせていた紙を取り出し、恋人のハートを温めるように乾かしましょう。

過去の愛にサヨナラ

To say good-bye

愛が終わった後、以前好きだった人の名前を、木の葉か小さなブルーの紙に書いてください。過去と別れるため、それを左手に持ち、川または海に向かって後ろ向きに歩きながら、左の肩越しに水の中へ放り投げます。そうすると、その名前の人物はあなたの人生から流れ去っていくでしょう。流れ去るまで、決して後ろを向いたり肩越しに振り返ったりしてはいけません。

⚜

キャンドルを灯して、恋人のサイン（書いたメモ）を燃やしましょう。その炎が明るくて細ければ、相手はあなたを愛していることを示し、小さく弱い炎ならばその愛情は弱いことを表しています。

失恋を癒すカモミール

To heal your broken heart

3滴のカモミールオイルを、バスタブのお湯に振り入れます。お風呂からあがって眠りにつく用意ができたら、鏡の前にブルーのキャンドルを灯して電気を消してください。オーラが見えてくるまで、座って鏡をじっと見つめましょう。オーラとは、頭と肩から3cm程度上に、ゴールド、シルバー、またはホワイトに輝く光のことです。その光は30cmくらいか、またはもっと大きいこともあります。ゴールド、シルバー、ホワイトのオーラの光が、あなたの身体の周りを時計回りで電気のように走っている光景をイメージしてください。

炎の輝きを見つめて、最初に見えたのは何色ですか？　その色があなたにとって必要なヒーリングカラーです。それがオーラの輪郭の外側2〜3cmあたりを電気が流れるかのように、ぐるぐる回るのを思い浮かべましょう。

循環するヒーリングカラーにしばらく集中した後、自分のオーラが癒されていることに気づくでしょう。しかしひどく傷ついたオーラは、痛みが回復したと感じるまで、毎晩あるいは定期的に魔法で癒すことが必要です。回復してくると、ヒーリングカラーが変化することに気がつくはずです。

毎回、魔法を終える時には、キャンドルを消し、そのままベッドに入りましょう。やすらかな、心地良い眠りが訪れることでしょう。

女神ヘカテーの魔術

To deter a love rival

恋のライバルの名前を、黒い紙にチョークで書きます。それを小さな薬瓶に入れ、粉末状の酢でいっぱいにして、ふたを閉めます。それを3本の道が交わる場所に埋めます。これでライバルはあなたの恋を邪魔できなくなるでしょう。三叉路は魔術の女神「ヘカテー*」に捧げられたスポットだからです。

ライバルを黙らせる

To silence a rival

新しい白い小さな紙に、あなたを悲しませているライバルの名前を、黒いインクで書きます。太い四角でその名前を囲み、ひっくりかえしたグラスの下に置いて、恋のライバルをそこに封じ込めてしまいましょう。ライバルはあなたの行動を見聞きできても、愛のきずなをこわすことはできないでしょう。あなたの魔法が、争いごとをブロックしているからです。

ライバルをストップ！

To stop a love opponent

恋のライバルの名前を小さなギザギザの黒い紙に黒いインクで書きます。名前はほとんど見えなくてOK。小さなガラスの薬瓶にその紙を入れ、7つまみの塩と7本のピンを入れます。

そして冷たい水を入れたら、ふたで中身を封印しましょう。瓶の先がライバルの家の方角に向くように土に埋めてください。

パッションフルーツの魔法

To cool the pace of love

　ブルーのキャンドルを灯し、パッションフルーツと小さなボウルに入れたクラッシュアイスか角氷を用意します。真夜中〇時、パッションフルーツをボウルに入れて、氷が溶けて水になるまでキャンドルの前で座って待ちましょう。そのフルーツは恋人に食べてもらうか、あなた自身で食べましょう。

　すると相手の情熱が少しクールダウンします。

バイバイ！　ライバル

To end bitterness

　ホワイトキャンドルを灯し、その横でレモンを半分に切ります。あなたにライバル心を抱いている相手の名前を小さな白い紙に書き、半分のレモンの切り口に置き、名前をピンで留めましょう。ふたつの半分のレモンを、7本のピンでひとつにつなげて固定し、窓辺に置きます。これで相手のライバル心はおさまるでしょう。レモンは乾燥したら、土に埋めましょう。

ゴシップを静める

To silence gossip

　パープルの紙に、ブルーのインクで噂話を流している人の名前を書き、小さな空の瓶に入れてガーリックのかけらか、粉で満たします。屋外か室内の植木鉢に瓶を埋めて、ゴシップを静めましょう。

三角関係を解消する

To break the bonds of a love triangle

金曜日の夜23時、3本のキャンドルを灯して三角形に配置します。レッドはあなたの愛する人、ピンクはあなた、ブルーのキャンドルはライバルを表しています。

真夜中0時になったら、「あなたの愛は消えました」と唱えながら、ライバルを表すブルーのキャンドルだけを消します。そしてレッドとピンクをとなり同士に動かし、しばらく燃やした後、キャンドルを消します。

翌日、3本の道がめぐり逢って1本になるフォーク形のような場所に、ブルーのキャンドルを埋めてください。そして、毎晩レッドとピンクのキャンドルをとなり同士に並べて灯し、両方とも目の前で自然に消えるまで燃やしましょう。残ったロウは地面の小さな穴や庭、植木鉢などに埋めてしまいましょう。

5月のヤナギが告げる恋

May morning willow divination

ヤナギは悲しみと報われない愛を象徴しています。同時に、打ちひしがれたハートを癒してくれる力があると言われています。5月の朝、ピンク色の紙に、ブルーのインクで別れた恋人の名前を書き、ヤナギを挿した花瓶の下に敷いてください。もしヤナギがしおれるまでに、相手からの連絡がなければ、恋人はもう戻ってこないというしるしです。ふたりの関係をきれいに忘れるために、ヤナギと紙を土に埋めてしまいましょう。

彼の愛を風に流す

To blow his/her feelings away

ホワイトキャンドルを灯し、恋人の名前を書いた紙を燃やします。受け皿の上で、燃え尽きるまでそのままにします。受け皿ごと外に持ち出して、風で灰を吹き飛ばしましょう。

傷ついたハートを癒す

To ease a broken heart

オニオンは「火星」(マーズ)と関係していると同時に、宇宙の成り立ちを象徴すると言われています。芯は地球、中心は月、その周りの皮は7つの天球であり、天使がそれぞれの惑星を守っています。神を象徴する1番外側の皮が、それらの惑星の軌道を固定しているのです。

ブルーのキャンドルを灯し、オニオンの皮を1枚ずつ丁寧にむき、キャンドルの前に置いた受け皿に入れます。もしオニオンで涙が出てきたら、それは魔法があなたの感情を動かしているサイン。涙は抑えられていたあなたの気持ちを浄化して、周りの空気ごときれいにしてくれるでしょう。1時間後にキャンドルを消し、水が黄色くなるまでオニオンの皮を煮ます。その後、水と皮を一緒に捨てましょう。または外に埋めると、土がネガティブな気持ちを吸い取ってくれるでしょう。

⚜

好きではない相手から、ロマンティックなアプローチを受けた時には、その人を遠ざけるように指先に息を吹きかけましょう。

彼の夢を見ないように

To stop dreaming of a lover

出逢わなければよかった……、また自由になりたいと願っている恋人の夢を見てしまった日のおまじないです。目が覚めたら、すぐにベッドルームをきれいに掃除しましょう。窓を大きく開け、シーツを変えます。ベッドの下や周り、そしてマットレスにも掃除機をかけます。もしベッドの下に物を置いているなら、どこか別のところに保管してください。そして、日が沈んできたら窓を閉めます。あなたが用事で外出しなければならない時は、早く閉めても構いません。

夜になったら、「ピース・ポーション」（平和の媚薬）を作りましょう。5滴のラベンダーオイル、5滴のローズオイル、そして10滴のアーモンドオイルを混ぜ合わせます。バスルームにホワイトキャンドルを灯して、お風呂に入るかシャワーを浴びましょう。身体を洗いながら、炎を見つめます。この炎は暗闇にさす永遠の光の力、悪を超える善を象徴しています。ラベンダーはコミュニケーションを司る「水星」（マーキュリー）に統治されて、またローズは愛を引き寄せる「金星」（ヴィーナス）に支配されています。

身体を洗っている間、またはリラックスしている間に、人差し指に「ピース・ポーション」を軽くつけて頭、首、手首、そしてかかとにオイルをすり込みましょう。お風呂の栓を抜く時、またはシャワーを流す時に、相手のネガティブな影響を洗い流してしまうようにイメージします。

お風呂からあがって眠る準備をしたら、「ピース・ポーショ

ン」をベッドルームのドレッサーの鏡の前に持ってきて、キャンドルを灯しましょう。ベッドの四隅と枕の四隅に「ピース・ポーション」を軽くつけます。ベッドの四隅は火、地、空気、水を表し、頭をのせる枕は、あなた自身を象徴しています。額に残りのオイルをすり込んだら、キャンドルを消します。きっと、まったく違う甘い夢を見られるはずです。そして、あなたにつきまとう過去の愛は眠りを妨げなくなるでしょう。

恋人と別れるために

To end a relationship

ホワイトキャンドル、白い紙、ブルーのペンかインク、地図帳か辞書、それとハンドベル*を用意しましょう。ホワイトキャンドルを灯し、白い紙にブルーのインクで別れたい相手の名前を書きます。地図帳または辞書を開き、そのページに名前を書いた紙を置きます。ハンドベルを鳴らしたら、急いでページを閉じて、キャンドルを消しましょう。それから14日後に、紙を取り出して、土に埋めてください。

⚜

白い紙にブルーのペンで、あなたの心を苦しめた相手の名前を書きましょう。ネガティブな気持ちを吸い取ってくれるよう、セージ*を紙の上に置きます。セージごと紙で包んで土に埋めてしまえば、セージと紙に書いた名前が地中で分解されていくのとともに、心の痛みは和らいでゆくでしょう。

失恋を癒す魔法

To heal love's hurt

　針と赤い糸を使って、13個のガーリックのかけらをつなげ、糸の両端を結んで丸い輪にしてください。そのガーリックを土に埋めるか、または流れと共に、愛の痛手を洗い流すつもりで、小川、池、河、海に投げ込みましょう。

ブルーな気持ちを癒す

To end bitterness

　ブルーな気持ちを癒すには、白いハート型の小さな紙に、万年筆であなたを悲しませた相手の名前を書いてください。ホワイトキャンドルを灯し、受け皿を横に置きます。お皿に紙をのせ、浸るほどビネガー（酢）を注ぎましょう。ビネガーはインクとともに苦い思いを溶かし、これからの人生に新しい色を添え、ハートを癒してくれるでしょう。

　30分後にビネガーを流します。紙から流れ出たインクは、その人のオーラを洗い清めると共に、文字は再び判読できるように現れてくるでしょう。

　紙を乾かし、翌日の真夜中0時に新しいブルーのキャンドルの炎にかざして燃やし、お皿に落として火を消しましょう。

⚜

ステキな貝殻をみつけたら、それは愛する人から連絡があるサインです。

恋の終わりの儀式

Now that it's over

ピンを使ってホワイトキャンドルにあなたの名前を刻み込み、ブルーの紙にブルーのインクで、あなたが離れたいと思っている相手の名前を書きます。受け皿に紙を置いて、溶けたロウを相手の名前の上にたらし、ピンで留めたら、ピンごと３つのガーリックのかけらとともに土に埋めて、彼（彼女）をあなたの人生から追い払ってしまいましょう。あなたの名前を刻んだ部分が溶けてしまってからキャンドルを消してください。代わりに室内の植木鉢の土を使うなら、数日後に土の中の紙だけを捨ててしまいましょう。

悲しみにサヨナラ

To clear the air from haunting memories

不幸な夢や思い出が、あなたの眠りにつきまとう時、満月の夜に、「満月が不幸を取り払うオイル」（５滴のカンフルオイルと５滴のペパーミントオイルを調合）で、魔法をかけましょう。

真夜中０時５分前、キャンドルに調合したオイルを、指先を使って、キャンドルの先端から中央へ（北極を表す）、そして下から中央へ（南極を表す）向かって塗ってください。

明かりをすべて消して、０時になったらキャンドルを灯してこう唱えましょう。「わたしの心と身体、そして魂を傷つけようとする相手から、わたしは自由になります」。

炎は大きく揺れ動くかもしれませんが、そのまま燃えるキャンドルのそばに座って、しばらく待ちます。1時になったら、キャンドルを消しましょう。

ハートを解放する

To free your heart

日曜の夜、イエローかオレンジのキャンドルを灯し、別れた恋人の髪の毛、または洋服の糸を数本燃やしながら、「わたしの心は癒され、わたしの気持ちは自由になりました。わたしは、もう愛の犠牲者ではありません」と唱えて、キャンドルを消しましょう。できればそれから6日間続けて夜にこの魔法をかけてください。

魔法を取り消す

To reverse a spell

世界の根源は、善なる力から生まれます。呪いの力は、愛の力とは調和せず、もしあなたが誰かに呪いをかけたなら、それは逆にはたらいてあなたに戻ってくるでしょう。

また、古くからの言い伝えに、「なにを願うのか、気をつけなさい。それは叶えられるだろうから……」という言葉があります。願いは本当に叶うのです。

時には魔法をかけた後に、心変わりすることもあるでしょう。あなたが願ったことは、もう今は願っていないことかもしれません。ここでは、魔法を取り消す方法をいくつか紹介します。

【Ⅰ】

　もしあなたの願いが魔法によって叶えられた後に、あなたの気持ちが変わってしまったら、白い紙にこう書いてください。「わたしが○○さん（相手の名前）にかけた魔法が、流れ去りますように……」。この白い紙を、水の入ったボウルに落とせば、魔法は解かれます。この水は流してしまいましょう。

【Ⅱ】

　2本のホワイトキャンドルを灯し、白い新しい紙に、あなたの名前と魔法をかけた相手の名前を書いて、燃やしてください。紙が灰になって燃え尽きるまで、受け皿に置きます。キャンドルを消したら、灰を風に吹き飛ばしてしまいましょう。

【Ⅲ】

　あなたが取り消したい魔法を右から左へ、逆向きに書いてください。その紙を小さく丸めて、小さな皿に盛った土に入れて室内に9日間置いておきます。9日後、土ごと捨ててしまいましょう。

【Ⅳ】

　白い新しい紙に、魔法をかけた相手の名前を書きます。ホワイトキャンドルを灯して紙を燃やしたら、完全に灰になるまで受け皿に乗せておきます。キャンドルを消して、灰を風に飛ばしてしまいましょう。

【Ⅴ】

　植木鉢に土を入れ、そこにホワイトキャンドルを挿して火をつけます。15分後、キャンドルを抜き、逆さまにして土に挿し込み炎を消します。キャンドルの底のロウを削りとって芯を出し、逆さまのまま火を灯せば、かけた魔法を取り消せます。15分後に炎を消して、外の土に埋めてしまいましょう。

別れの儀式

Once it is over

別れた恋人を表す木のかけらを用意し、焚き火に投げ込んで、燃え尽きるのを見ていましょう。燃えた煙は、ふたりのきずなの亡霊を追うことを象徴し、焼け残った灰はふたりの関係が終わったことを象徴しているのです。

別れのおまじない

To separate

1本はあなた、もう1本は離れたい相手を表す2本のキャンドルをとなり合わせに置いて灯します。炎が落ち着いてきたら、だんだんと距離を離すように動かし、炎を見つめてこう唱えます。「〇〇さん（相手の名前）、わたしの心から離れてください。あなたを追放します。去ってください！」。炎を見つめ、そしてキャンドルを動かす間に、何度かこの呪文を繰り返しながら、最後には2本の距離をできる限り遠くまで離します。キャンドルを両方とも消して、土に埋めるか、または暖炉か焚き火に入れて燃やしましょう。

恋人から自由になる

To rid an ex-lover from your mind

満月の夜から13日間続けて、夜に、ブルーのキャンドルを灯します。自由になりたいと願う相手の名前を、白い紙にチョークで書いて、小さくちぎってトイレに流しましょう。

14日目の夜は、相手の名前を書いた紙を、今度は深皿の中で燃やして、灰になるまで置いておきます。外に灰を持ち出し、左の肩越しに遠くへ投げます。振り返らずに家の中へ戻りましょう。もしも灰があなたの洋服に付いていたら、前の恋人は簡単にはあなたをあきらめないでしょう。そうなってしまった時は、もう1度彼（彼女）の名前を白い紙に書き、燃やして灰にし、灰に7つまみの塩を加えてから、屋外で左の肩越しに投げましょう。決して振り返ってはいけません。塩は純粋な魂の象徴です。

Loves ups and downs

VII 愛のお守りとおまじない
Good luck in love

あなたは、愛の幸運を引き寄せることができます。また、愛の言葉を語るにふさわしい、自然からのサインを読み取ることもできます。あなたの魂は全能の力、すべてのものごとを知る能力を持っているのです。知りたいと思うイメージが魂をかき立て、あなたを真実へと導くでしょう。

ヴィーナスのお守り

Venus lucky love sachet

　赤いハンカチを用意します。ピンかペンでベイリーフ*にあなたと愛する人の名前を書きましょう。ベイリーフは太陽に司られており、愛に光を少しずつ注ぎ込むのです。

　ベイリーフを赤いハンカチの真ん中に置き、セージ*、タイム*、薔薇の花びら、デイジー、乾燥豆をふたつ、そしてふたつのアーモンドをのせます。これらはすべて愛の星「金星」（ヴィーナス）に支配されています。赤いリボンでハンカチをボールの形になるように上で縛ります。ハンカチの結んだ端は、上向きに外に出ている形になります。このヴィーナスのお守り袋を枕の下に置いて眠るか、いつもそばに持っていてください。

　ヴィーナスがふたりをしあわせへと導いてくれるでしょう。

⚜

真夜中の0時5分前、ホワイトキャンドルを灯します。0時になったら、『愛の足かせは、この呪文が唱えられる時に壊れます』と唱えて、キャンドルを消しましょう。

愛のリボン

Love pouch

真実の愛を引き寄せて、めぐり逢うために、ハンカチにローズマリーを包み、リボンで結びます。もし、特に相手が決まっているなら、その人の生まれ星座に合ったリボンの色を選びましょう。そうでなければ、あなた自身の星座を表す色のリボンか、ひもで結んでください。

☆牡羊座&蠍座　レッド
☆牡牛座&天秤座　グリーン
☆双子座&乙女座　パープルまたはライラック
☆蟹座　ホワイト
☆獅子座　イエロー
☆射手座&魚座　ブルー
☆山羊座&水瓶座　ブラック

名前の秘密

The key to the treasure of your name

名前とは、この世でたったひとつのもの。また、ニックネームは、あなたのプライベートなお守りとなります。あなたが内なる声に耳を傾け、赤ちゃんやペットの名前をつける時、思ってもいない力がはたらきます。

あなたの姓と名の1文字1文字の組み合わせを入れ替えるこ

とによって作られる言葉は、さまざまな発見を導き出すでしょう。その新たに作られた言葉は、あなたの魂や個性の一部を表しているのです。

　愛する人の姓名から、同じように新たな言葉を作り出すこともできます。恋人の名前から見つかった言葉は、恋人の性質の一部なのです。あなたと恋人の名前を足した文字を入れ替えて作られた言葉は、あなたと相手との運命を暗示しています。

恋のお守り

Name amulet

　あなたの名前を使って、魔法のお守りを作りましょう。名前の文字を入れ替えて、なにかの言葉となる文字を作ります。もし、不要な文字があれば、切り捨ててもOKです。

　あなたの名前を、ローマ字の筆記体で、グリーンの紙に金色のインクかペンで書いてください。そして新たに作った言葉を、円を描くように金色のインクで書き、あなたの名前をサインします。その紙をお守りとして持っていましょう。

　四季や１年を愛のパワーで彩りたいなら、名前から引き出された言葉を、金色のインクでピンクの紙に、円状に書きましょう。永遠の輪のしるしとして、最後の文字は最初の文字につなげるように書いてください。その輪はあなたを守ってくれるでしょう。

　フルネームから新しい言葉を組み立てることができない時は、名前をローマ字の筆記体で、グリーンの紙に金色のインクで円を描くように書いてください。金色のインクでサインをしたら、その紙をお守りとして身近に持っていましょう。

恋人をあなたに結びつけたいなら、赤い紙に金色のインクであなたの名前を半円形に書き、残り半分の円に恋人の名前を書いて円を描きましょう。恋人とあなたの名前を結びつなげることによって、この愛のお守りを燃やすか、土に埋めるまでは、ふたりは運命を共に分かち合うことになるでしょう。

きずなを強める魔法

A love bond

恋人とふたりで散歩している時、木の葉で地面にお互いの名前を形作ります。手をつないで、時計回りに３回名前の周りを歩いたら、一緒にできるだけ早く走り去りましょう。

サイキック・バス・ソルト

Psychic bath salts

ひとりで、または友達と一緒に、エプサムソルト*小さじ３杯、ベイキングパウダー小さじ２杯、砕いた岩塩かシーソルト小さじ１杯をよく混ぜ合わせます。ラベンダーのドライフラワーまたは生花をひと握りと、ミルラ*（没薬）２滴、乳香*を１滴、サンダルウッド*を２滴加えます。スプーンでかき混ぜた後、指で混ぜ合わせます。これをお風呂のお湯に入れればあなたのサイキックパワーは大きくなるでしょう。このレシピは３回分です。

恋のハッピー占い

Love luck divinations

ドレッシングをかけたサラダをゆすって、ボウルから落ちたレタスの枚数を数えましょう。落ちたレタス1枚に付き1年が、結婚するまでの年数です。

ソラマメをひとつ、エンドウマメ入りの皿に混ぜましょう。ソラマメが取り分けられた人が、次に結婚する人です。

願いが叶う魔法の呪文

Friendly wishes

ひとりで、または友達と時計回りに3回まわりながら自分の願いごとを考え、そしてこう唱えましょう。「この願いごとを叶えるために、回ります。回ったら、願いは叶いはじめます」。いくつ願いごとをしても構いませんが、願いごとひとつにつき、3回転と呪文1回が必要です。

秘密の願いごと

Secret wishes

ブルーのキャンドルを灯します。その前で、絵筆につけたミルクで、小さな新しい白い紙に願いごとを書きます。数分後、炎から3cmほど離して紙をかざし、炎の熱で文字が金色に変わったら、あなたの願いごとは叶いはじめるでしょう。

ふたりの幸運を祈る

Best wishes

あなたと恋人がそれぞれ、ミルクと絵筆を使って、願いごとを小さな白い紙に書き、お互いの願いごとを交換しましょう。ひとりになった時、ホワイトキャンドルを灯し、その炎に紙をかざして温めます。相手の願いごとが、金色の文字となって浮かび上がってくるでしょう。願いを読んだら、その炎で紙を燃やして受け皿で灰にしてください。

秘密のハッピーレシピ

Katie Boyle's French recipe for a happy life together

このレシピは、イギリスのテレビタレント、ケイティ・ボイルがわたしにくれたものです。そしてそのもとは、ケイティの継母、ベッカー夫人がケイティに贈ったものです。ベッカー夫人は、ケイティの父親よりも32歳年上ですが、ふたりの結婚はハッピーそのものでした。ベッカー夫人が62歳、夫が30歳の時の結婚でした。

はじめに、2～3ポンドの希望をボウルに入れ
1トンの思いやりと理解を加えます。
さて次は、適量のやさしさと
おもり100個分の信頼をいれる番です。
太陽のような明るさと、ポット4～5杯の従順さと、

　　　　　５〜６ポンドの愛らしさを混ぜ合わせます。
　　　　退屈は、いっさい入れる必要はありません。
　　そして、とびきりのユーモアを加えるのを忘れずに。
　　　　　　ミステリアスは、ほんの少量。
　　　　　　塩は１粒以上入れないで。
　　１オンスでなく、それ以上入れてしまったら
　　少なくともふたつの忍耐を入れなくてはいけません。
　　さあ、これをとろ火でゆっくり煮込みましょう。
　　　　愛と友情、どちらも決して見失わないで。
全部加えたら、バランスの良いステキなパイのできあがり。
　　　　　　　　毎朝ひと切れ、
　　あなたの人生をワクワクさせるのに充分でしょう。

⚜

どんぐりを窓辺にふたつ並べて、恋人があなたの家を訪れたいと
強く思うように祈りましょう。

Conclusion

　愛の魔法をかける時、心からの深い願いは不思議にも叶えられ、心からの望みが、奇跡的にも満たされることに驚かされるかもしれません。あなたの愛と信頼は、強い魔法を生み出す要素であり、ほかの誰かのために愛の魔法をかける時にも、それはとても重要なものとなるのです。
　あなた自身の人生と、あなたにとって大切な人たちの人生が、いつまでも愛を失うことがありませんように……。

⚜

6月になる前に、深紅の薔薇が庭に咲いたら、それは家族の誰かが結婚するサインです。

訳者あとがき

　ここ数年、『ハリー・ポッター』や『ロード・オブ・ザ・リング』をはじめ、最近では『ナルニア国物語』などの大ヒット映画を通じて、日本に住むわたしたちにも、ヨーロッパのファンタジーや魔法の世界を目にする機会がずいぶん増えました。

　ところで、これら3作品の産みの親が、いずれもイギリスの作家だということをご存知でしょうか？　そう、日本から見た西の彼方のイギリスは、ファンタジーや魔法の伝統が強く息づく国なのです。

　さて、ここでこんな話をしているのも、この本の原著『The Love magic book : potions for passion and recipes for romance』の著者ジリアン・ケンプさんも、実は、イギリス生まれの女性だからです。すでに本書に、目を通してくださった人にはお分かりのとおり、キャンドルの炎の揺らめきから愛しい人の心の動きを読んだり、手鏡に満月を映し出し、その力を借りて相手の心に恋する気持ちをかきたてるなど、彼女の紹介する魔法のひとつひとつには、ヨーロッパの古き伝承を感じさせる独特の魅力があります。

　ちなみに彼女によれば、本書で紹介している魔法の数々は、かつて生活を共にしたロマたちのもとで学んだとのこと。そのため、ハーブ、花、香辛料などに関して、日本ではあまりなじみのないものも、いくつか本文の中には登場します（それらについては、できるだけ訳注の方で補っておきました）。

　また、そういう意味では、日本の著者によって書かれた、よ

くある「おまじない本」とはその趣もやや異なり、異国の文化の香りを伝える魅力あふれた作品となっています。

　この本を訳するにあたっては、長期のイギリス生活の経験を持つとともに、現地の占いや魔法に詳しい吉岡由利絵さんに、全面的なお手伝いをしていただきました。改めて、深くお礼を申し上げます。

　書物の持つ魅力は、その内容もさることながら、それを包み込む装丁のすばらしさによって高められると、常日頃わたし自身は思っています。この日本語版『ラブ・マジック・ブック』は、装丁に関するわたしのわがままに耳を傾けてくださった駒草出版編集部の渡辺あづささんの労で、とても魅力的な衣装となりました。この場を借りて、感謝の意を表します。

　ファンタジーと魔法の国イギリスから届けられたラブ・マジックが、ここ日本でも、恋するみなさんの願いを叶える手助けとなるならば、訳者としてうれしい限りです。

　　　　　　　　　　　　　2006年　暖かい春の日に

伊泉龍一（いずみりゅういち）

訳注

【アイブライト】
ヨーロッパ原生のゴマノハグサ科の一年草。ヨーロッパでは中世から
目の炎症や洗浄に使われていたハーブ。

【愛を象徴する石】
ローズクォーツなど。

【アニス】
セリ科の一年草。地中海地方原産の植物で、スパイスとしても使用。

【イチイ】
イチイ科の常緑高木。深山に生え、樹皮は赤褐色で浅い裂け目がある。
葉は針状で、ややねじれた羽状についている。

【イラクサ】
イラクサ科の多年草。
「ネトル」=西洋イラクサは香草としてよく知られている。

【ヴァイオレット水】
ヴァイオレット=「スミレ」、甘く芳しいフローラルウォーター(芳香蒸留水)。

【エーテル】
西洋の魔術の世界では、目には見えないけれども、魔法の力を運んでいく
物質が、この宇宙の隅々に充満していると考えられている。
そして、その物質のことは、一般的に「エーテル」(ether)と呼ばれている。

【エプサムソルト】
天然ミネラル成分。これを使用してマッサージすると足の血行を
促進させるはたらきがある。

【オレンジブラッサム水】
「ネロリウォーター」とも呼ばれているフローラルウォーター(芳香蒸留水)。

【キャラウェー】
和名「ヒメウイキョウ」。セリ科の二年草。種はスパイスとしても使用。

【クマツヅラ】
クマツヅラ科の多年草。薬用としても用いられる。

【クローブ】
チョウジ(フトモモ科の植物)のつぼみを乾燥したもの。
スパイスとしても使用。

【コートカード】
トランプのキング、クイーン、ジャックのカードのこと。

【コリアンダー】
セリ科の一年草。若葉は香菜（シャンツァイ）、パクチーとも呼ばれ、料理などの風味付けにも利用。果実を乾燥させ、粉末にしたものは、カレーなどにスパイスとして用いられる。

【コンフェッティ】
紙吹雪。婚礼やパレード、カーニバルなどで撒いたり、
投げ合ったりする細かく切った色紙。

【サンダルウッド】
和名「ビャクダン」。ビャクダン科の半寄生常緑高木。
エッセンシャルオイルは豊かで甘くウッディーでオリエンタルな香り。
気持ちを落ち着かせ、リラックスさせる効能がある。

【白ヘザー】
クリスタルヒースと呼ばれるツツジ科エリカ属の常緑低木。

【スイカズラ】
スイカズラ科の蔓性(つるせい)の多年草。6、7月ごろ、葉のわきに
2個ずつ並んでつく白色の花は蜜腺(みつせん)をもち、のち黄色に変わる。

【スート】
トランプの「ハート」、「スペード」、「クラブ」、「ダイヤ」という4つのマークによって分類される、それぞれのグループのこと。

【セージ】
和名「サルビア」。シソ科の多年草。葉は薬用や香草としておなじみ。

【ゼラニウム】
フウロソウ科の多年草。甘い柑橘系の香りでアロマオイルなどでおなじみ。

【聖カタリナ】
キリスト教の聖女。

【セントジョーンズワート】
和名「オトギリソウ」。1年でもっとも日の長い夏至の6月20日頃に、黄色い花を咲かせるハーブ。

【タイム】
シソ科の小低木。強い香りがあり、香辛料として料理にも使用。

【タルク】
滑石(かつせき)。白色または緑灰色の軟らかい鉱物で、ロウのような
感触がある。また滑石の粉末にホウ酸末・香料などを加えた化粧用の打ち粉。

【チャービル】
和名「セリ」。セリ科の一年草。「美食家のパセリ」と称され、香草として料理にも使用。

【チャイブ】
ユリ科の多年草。「西洋アサツキ」とも呼ばれ、香草として料理にも使用。

【ツルニチニチソウ】
キョウチクトウ科ニチニチソウ属の多年草。花期は5月～6月。
ヨーロッパでは血圧を下げる薬としても使用。

【ディル】
セリ科の多年草。中世ヨーロッパでは魔除けに使用。
香草として料理でもおなじみ。

【ナツメグ】
ニクズク科の常緑高木。マレー原産の植物でスパイスとしても使用。

【ニオイショウブ】
サトイモ科の多年草。50センチ～150センチに成長。
端午の節句の菖蒲湯でもおなじみ。

【乳香】
カンラン科の植物から採れる樹脂。「フランキンセンス」とも呼ばれ、
キリスト誕生の贈り物として献げられたと言われている。

【薔薇水】
「ローズウォーター」と呼ばれるフローラルウォーター（芳香蒸留水）。

【ハロウィン】
万聖節（11月1日）の前夜祭。「All Hallow's Even」の短縮語。

【ハンドベル】
手に持つことのできる小さな鈴・ベル。

【フェンネル】
和名「ウイキョウ」。セリ科の多年草。
中世ヨーロッパでは魔除けや香草として使用。

【ベイリーフ】
クスノキ科の常緑樹。地中海地方原産の植物でスパイスとしても使用。

【ヘザー（ヒース）】
英国スコットランド地方で、ツツジ科のエリカ属やギョリュウモドキ属の
低木の総称。真夏の太陽の下、荒地で紫色の花を一面に咲かせる。

【ボリジ】
和名「ルリジシャ」。ムラサキ科の一年草。星型の青い花を咲かせる香草。

【マツユキソウ】
ヒガンバナ科の植物。「スノー・ドロップ」の和名。早春に開花。

【ミルラ】
没薬(もつやく)の別名。カンラン科の低木コミフォラからとれるゴム樹脂。乳香と同様にキリスト誕生の贈り物として献げられたと言われている。

【女神ヘカテー】
ギリシャ神話に登場する魔術を司る女神。

【ヤドリギ】
ヤドリギ科の常緑小低木。茎は緑色で、葉は細長くて先が丸い。
2月ごろ黄色の小花が咲き、11月ごろ黄色や赤色の丸い実がなる。

【指をクロス】
人差し指に中指を重ねる、西洋の厄除けのおまじない。

著 者　ジリアン・ケンプ【Gillian　Kemp】

イギリス生まれ。魔法や占いなどに関する著書は、イギリスはもとより、アメリカ、カナダ、ニュージーランド、リトアニア、スイス、ドイツ、オーストリア、スペイン、イタリア、フランスなどでも出版されている。本書以外にも、夢占いについての本『The Dream Book』や、さまざまな占いを紹介する『The Fortune-telling Book』など、多数の著書がある。訳書は『あなたを幸せにする109の魔法』(ワニブックス)。

訳 者　伊泉龍一【Ryuichi　Izumi】

1968年生まれ。占い研究家。タロット・カード、ヌメロロジー、占星術をはじめとして欧米の多数の占いを紹介している。朝日カルチャーセンター、NHK文化センターなどで講師として活躍中。
著書には、『タロット大全―歴史から図像まで―』(紀伊國屋書店) がある。

ラブ・マジック・ブック
～恋を叶えるおまじないレシピ～

2006年6月2日　初版発行

著　者	ジリアン・ケンプ
翻　訳	伊泉　龍一
発行者	井上　弘治
発行所	駒草出版株式会社 〒110-0016 東京都台東区台東1-7-2 秋州ビル2F ＴＥＬ：03-3834-9087 ＦＡＸ：03-3831-8885
翻訳協力	吉岡　由利絵
印刷・製本	株式会社　シナノ

© Ryuichi Izumi 2006, printed in Japan
落丁・乱丁本はお取り替えいたします。